송강스님의 벽암록 강설

碧 巖 録

下권 65~100칙

차 례

다른 곳에서는 '외도가 부처님께 여쭘(外道問佛)'으로도 되어 있음.

설두스님께서 선택한 예순다섯 번째 얘기는 세존(世尊)과 외도(外道)의 대화이다.

垂示

無相而形이나 充十虛而方廣하고 無心
무상이형　　　충십허이방광　　　무심

而應이나 徧刹海而不煩이라 擧一明三
이응　　　편찰해이불번　　　거일명삼

하고 目機銖兩하야 直得棒如雨點하고 喝
목기수량　　　직득방여우점　　　할

似雷奔이라도 也未當得向上人行履在
사뢰분　　　야미당득향상인행리재

라 且道하라 作麼生이 是向上人事오 試
차도　　　자마생　　　시향상인사　　　시

擧看하라
거간

거일명삼(擧一明三) 『논어』'넷 중에 하나를 배우면 나머지 셋을 짐작할 수 있다'는 말에서 온 것. 즉 '매우 영리하다'는 뜻임.

목기수량(目機銖兩) 목기(目機)는 '눈으로 무엇을 파악한다'는 뜻이며, 수량(銖兩)은 아주 작은 저울 눈금임. 따라서 목기수량(目機銖兩)은 작은 단서로 전체를 파악하는 예리한 능력을 가리킴.

향상인(向上人) 초월적인 사람. 선지식.

행리재(行履在) 행리처(行履處)와 같음. 행동하는 범위를 가리키는 말이니, '삶의 방식' 즉 '경지'로 풀이할 수 있음.

수시

모양이 없으면서 나타나[無相而形] 온 세상에 가득하여 반듯하고 넓으며[充十虛而方廣], 무심하게 응하지만[無心而應] 온 세상에 두루 미쳐 번거롭지 않다[徧刹海而不煩].

하나를 들으면[擧一] 나머지 셋까지 깨닫고[明三] 척 보면 바로 파악해 버려서[目機銖兩], 곧바로[直得] 몽둥이질을[棒] 비 쏟아지는[雨點] 것같이 하고[如] 할을[喝] 천둥치는 것과[雷奔] 같이 하더라도[似] 또한[也] 초월적인 사람의[向上人] 경지에는[行履在] 미치지[當得] 못한다[未]. 자 말해보라[且道]. 어떤 것이[作麽生] 바로[是] 초월적인 사람의[向上人] 일인가[事]. 다음 이야기를 살펴보자[試擧看].

 **松江**

자기의 본성을 바로 보아 제대로 쓸 수만 있다면, 어느 때 어느 곳에 있어도 부족함이 없을 것이다. 굳이 애를 쓰지 않아도 모든 일을 자연스럽게 처리할 수 있게 된다.

자질이 뛰어난 사람이라면 팔만대장경을 다 살피지 않아도 깨달음에 이를 것이다. 그렇게만 되면 어떤 사람이 오더라도 잘 지도하고 이끌 수 있을 것이다.

하지만 그 정도로 자랑하지 말라. 먼지 뒤집어쓰고 걷고 있는 석가 노인의 걸음을 따라잡으려면 까마득하다.

스스로 사막을 선택하여 걸어 들어가신 이를 따르기는 쉽지 않다

擧 外道問佛호대 不問有言하고 不問無言하노이다 世尊이 良久어시늘 外道讚歎云 世尊께서 大慈大悲로 開我迷雲하사 令我得入이니이다 外道가 去後에 阿難問佛호대 外道가 有何所證이관대 而言得入이닛고 佛云 如世良馬가 見鞭影而行이니라

외도(外道) 불교 외의 종교나 가르침.

양구(良久) 문답을 하던 중에 일부러 말을 하지 않고 침묵하는 것.

양마견편영이행(良馬見鞭影而行) 『잡아함경(雜阿含經)』33에 부처님께서 말을 예로 들어 말씀하신 법문이 있다. 그 내용을 정리하면 다음과 같다.

〈말에 네 종류가 있다. 첫 번째 말은 채찍의 그림자만 보고도 주인의 뜻을 알고 움직인다. 두 번째 말은 채찍이 털에 스치기만 하면 주인의 뜻을 알고 움직인다. 세 번째 말은 살에 채찍이 떨어져야 비로소 주인의 뜻을 알고 움직인다. 네 번째 말은 채찍이 뼛속까지 느껴져야 비로소 알아챈다.

수행자도 네 종류가 있다. 첫 번째는 다른 마을의 무상한 일을 듣고 세상 싫어하는 마음을 내고, 두 번째는 자기 마을의 무상한 일을 듣고 세상 싫어하는 마음을 내며, 세 번째는 어버이의 무상한 일을 듣고서 세상 싫어하는 마음을 내고, 네 번째는 자기 몸에 병이 나서 고통스러울 때 비로소 세상 싫어하는 생각을 낸다.〉

이런 얘기가 있다[擧]. 외도가[外道] 부처님께[佛] 여쭈었다[問].

"말이 있는 것으로도[有言] 묻지[問] 않고[不], 말이 없는 것으로도[無言] 묻지[問] 않겠습니다[不]."

세존께서[世尊] 잠자코 계시자[良久], 외도가[外道] 찬탄하며[讚歎] 말씀드렸다[云].

"세존께서[世尊] 대자대비로[大慈大悲] 저의[我] 혼미한[迷] 구름을[雲] 여시어[開] 저를[我] 깨달음에 들게[得入] 하셨습니다[令]."

외도가[外道] 물러간[去] 뒤에[後] 아난이[阿難] 부처님께[佛] 여쭈었다[問].

"외도가[外道] 어떤[何] 깨달음이[所證] 있기에

[有] 그렇게[而] 깨달음에 들었다고[得入] 말했습니까[言]?"

부처님께서[佛] 말씀하셨다[云].

"세상의[世] 훌륭한 말이[良馬] 채찍[鞭] 그림자를[影] 보고[見] 가는 것과[而行] 같으니라[如]."

깨달음은 부처님의 가르침을 많이 듣고 기억하고 있다고 되는 것일까? 물론 그럴 수도 있다. 하지만 깨달음은 사실 노력한 시간이나 알고 있는 양에 반드시 비례하지는 않는다.

부처님의 제자가 아닌 다른 학파에 속한 수행자(外道)가 부처님을 찾아와서 심각한 질문을 던졌다. "말로 설명할 수 있는 것도 아니고 , 말로 설명할 수 없는 것도 아닌 경지에 대해 가르쳐 주시겠습니까?"

자 이제는 말을 해도 어긋나고 말을 하지 않아도 어긋나게끔 되고 말았다. 하지만 이 질문은 언어의 유무(有無)를 따지고 있는 것이 아님을 잘 아시는 부처님께서는 한참을 가만히 계셨다. 그러자 찾아온 외도(外道)는 부처님께서 자기의 어리석음을 걷어주시어 깨달음에 들게 하셨다고 찬탄을 하고 떠났다. 이 얼마나 아름다운 일인가.

하지만 처음부터 모든 것을 지켜보았고, 모든 대화를 다 들었던 부처님의 제자 아난은 이 상황이 이해가 되지를 않았다. 외도는 무엇을 물었으며, 세존은 무엇을 가르쳐 주셨는가? 외도는 도대체 무엇을 깨달았다는 것인가? 부처님의 법문을 가장 많이 들었고 항상 곁에서 모시고 다녔던 아난에게는 조금 전의 상황이 수수께끼와 같았다.

이것에 대한 답은 팔만대장경을 다 살펴도 없다. 그럼 어쩌란 말인가? 양손의 것을 놓아버리고, 머리의 것도 버려야 한다. 그림자를 보고 움직이는 것도 이미 늦었다.

석가세존께서 머무셨던 방의 기단부만 남은 인도 영취산의 여래향실
이곳에서 부처님의 법문을 들을 수 있다면 외도의 깨달음이 궁금하지 않
을 것이다.

頌

機輪曾未轉하니
기 륜 증 미 전

轉必兩頭走라
전 필 양 두 주

明鏡忽臨臺에
명 경 홀 임 대

當下分姸醜로다
당 하 분 연 추

姸醜分兮迷雲開여
연 추 분 혜 미 운 개

慈門何處生塵埃오
자 문 하 처 생 진 애

因思良馬窺鞭影하노니
인 사 양 마 규 편 영

千里追風喚得回라
천 리 추 풍 환 득 회

喚得回하면 鳴指三下하리라
환 득 회 　 　 명 지 삼 하

기륜(機輪) 기틀의 바퀴. 마음(機)의 활동(輪).

양두(兩頭) 유(有)와 무(無)의 두 견해.

당하(當下) 어떤 일을 당하는 그 때나 그 자리. 곧바로.

추풍(追風) 진(秦)나라 시황제(始皇帝)의 애마(愛馬) 이름.

명지(鳴指) 탄지(彈指)와 같은 뜻. 손가락을 튕김.

마음의 작용[機輪] 이제껏[曾] 굴리지[轉] 않았
으니[未],
굴리면[轉] 반드시[必] 두 갈래로[兩頭] 달리리
라[走].
밝은 거울이[明鏡] 문득[忽] 대에[臺] 걸리니
[臨],
곧바로[當下] 아름다움과[姸] 추함을[醜] 밝히
도다[分].
아름다움과 추함[姸醜] 밝혀[分兮] 미혹의 구름
[迷雲] 걷힘이여[開]!
자비의 문[慈門] 어디에[何處] 티끌이[塵埃] 일
겠는가[生].

좋은 말은[良馬] 채찍 그림자를[鞭影] 엿본다는
것[窺] 생각해 보니[因思],
천리마인[千里] 추풍은[追風] 부르면[喚] 돌아
온다네[得回].
불러 돌아온다면[喚得回], 손가락을 세 번 튕기
리라[鳴指三下].

 **松江**

마음의 작용 이제껏 굴리지 않았으니,
굴리면 반드시 두 갈래로 달리리라.

마음의 근본자리, 만법의 근본자리를 누가 과연 지금이라도 설명할 수 있겠는가. 설명할 수 있다면 그것은 이미 근본이 아니다. 만약 누군가가 말로 언급한다면, 그 순간 이미 상대에 떨어지고 분란을 일으키게 될 것이다.

밝은 거울이 문득 대에 걸리니,
곧바로 아름다움과 추함을 밝히도다.

맑고 큰 거울은 보려는 생각도 없고 비추려는 의지도 없다. 그러나 앞에 오기만 하면 한 치의 오차도 없이 그대로 보여준다. 미인이 오면 미인을 보여주고, 추한 이가 오면 추한 대로 보여준다. 그러나 거울은 추하다고 멀리하지도 않고 예쁘다고 붙잡지도 않는다. 다만 있는 그대로를 비춰 보여줄 뿐이다.

아름다움과 추함 밝혀 미혹의 구름 걷힘이여!
자비의 문 어디에 티끌이 일겠는가.

크고 원만한 거울 같은 부처님 앞에 서면 스스로 자신을 보게 된다. 허물을 보게 되면 스스로 허물을 떨쳐 버릴 것이고, 잘난 모습을 보았다면 잘났다는 것을 내려놓을 것이다. 그것이 부처님의 대자대비이다. 하지만 대자대비라는 것도 외도가 떠든 허물일 뿐이다. 본래 없던 미혹의 구름이 걷힘은 무엇이며, 깨달았다는 것은 또 무슨 허망한 말인가. 크고 원만한 거울에는 대자대비도 없다.

좋은 말은 채찍 그림자를 엿본다는 것 생각해 보니,
천리마인 추풍은 부르면 돌아온다네.

아난이여, 아난이여! 무엇을 보고 무엇을 들었단 말인가. 어찌 부처님께서 훌륭한 말이 채찍의 그림자에 움직인다는 말까지 하시게 하였는가. 추풍아, 추풍아! 불러도 풀 뜯어 먹느라 달려올 줄 모르는구나.

불러 돌아온다면, 손가락을 세 번 튕기리라.

참으로 깨달았다면 즉시 발자국을 남기지 않고 떠날 것이
며, 떠났다면 부른다고 돌아보지 말라. 영리한 놈은 돌아보
다가 얻어맞는 것이다.

갠지스의 사두여! '텐 달러'를 외치지 않았으면 좋았을 것을

松江

　설두스님께서 선택한 예순여섯 번째 얘기는 암두화상(巖頭和尙)과 선객의 문답이다.

　암두 전활(巖頭全豁,828~887)선사는 당대(唐代)의 선승. 속성은 가(柯)씨이며, 천주(泉州) 출신. 청원 의공(淸原誼公)스님을 은사로 출가하였고, 앙산 혜적(仰山慧寂)선사에게 참학하였다. 이후 덕산 선감(德山宣鑑)선사의 법제자가 되었다. 동정호반(洞庭湖畔)의 와룡산(臥龍山)에 은거했지

만 후학들이 찾아오자 가르침을 폈다. 암두(巖頭)는 주석한
사찰 이름이다. 시호(諡號)는 청엄대사(淸儼大師).

垂示

當機覿面하야 提陷虎之機하며 正按傍
당 기 적 면　　　　제 함 호 지 기　　　정 안 방

提하야 布擒賊之略하니 明合暗合하고 雙
제　　　포 금 적 지 략　　　명 합 암 합　　　쌍

放雙收라 解弄死蛇는 還他作者니라
방 쌍 수　　해 롱 사 사　　환 타 작 자

적면(覿面) 목전(目前)과 같음. 눈앞.

사사(死蛇) 사람을 죽이는 뱀. 독사.

수시

어떤 상황이[當機] 눈앞에 나타나도[覿面] 호랑이를 함정에 빠뜨리는[提陷虎] 솜씨를 발휘하며[之機], 정면으로는[正] 누르고[按] 측면으로는[傍] 던져서[提] 도둑을 사로잡는 지략을[擒賊之略] 펼친다[布].

밝음에도[明] 적합하고[合] 어둠에도[暗] 적합하며[合] 둘 다[雙] 놓기도 하고[放] 둘 다[雙] 거두기도 한다[收].

사람을 죽일 수 있는 독사를[死蛇] 가지고 놀 줄[弄] 안다면[解], 또한[還] 그는[他] 뛰어난 인물이다[作者].

선지식이란 어떤 상황에서도 담담하고 당당하다. 드세게 밀고 들어오면 슬쩍 함정으로 몰아넣어 버리고, 노골적으로 치고 들어오면 단숨에 제압해 버리며, 슬그머니 비틀고 들어오면 그냥 던져 버린다.

밝고 긍정적이어야 할 때는 밝고 긍정적으로 대하고, 엄하고 차갑게 대할 때는 엄하고 차갑게 대한다. 놓을 때는 다 놓아버리기도 하고, 거둘 때는 흔적도 없이 완전히 거두기도 한다.

도(道)는 독사와도 같다. 섣불리 건드리면 제가 목숨을 잃고, 완전히 가지고 놀 정도가 되면 독사의 독으로 수많은 중환자를 살린다. 그 정도 되어야 선지식이라고 할 수 있을 것이다.

수행자가 뱀을 좋아하여 스승의 충고도 무시하고 키우다가 물려 죽다(키질 제80굴의 벽화) 도(道)는 이 독사보다 훨씬 위험하다

舉 巖頭問僧호대 什麼處來오 僧云
거 암두문승　　　　십마처래　　　승운

西京來니다 頭云 黃巢過後에 還收得
서경래　　　두운 황소과후　　　환수득

劍麼아 僧云 收得이니다 巖頭引頸近前
검마　　승운 수득　　　　암두인경근전

云호대 囚라하니 僧云 師頭落也니다 巖頭
운　　과　　　　승운 사두락야　　　암두

呵呵大笑하다 僧이 後到雪峰하니 峰問
가가대소　　　승　　후도설봉　　　봉문

什麼處來오 僧云 巖頭來니다 峰云 有
십마처래　　　승운 암두래　　　봉운 유

何言句오 僧擧前話하니 雪峰이 打三十
하언구　　승거전화　　　설봉　　타삼십

棒趕出하다
방간출

서경(西京) 지금의 서안(西安-시안) 산시성(陝西省-섬서성)의 성
도, 옛날에는 서경 또는 장안(長安)으로 불렸음.

황소(黃巢) 당말 조주(曹州) 원구(冤句) 사람. 당(唐) 희종(僖宗) 건
부(乾符) 2년(875) 왕선지(王仙芝)가 반란을 일으키자 그도 무리를
모아 호응했다. 5년(878) 왕선지가 전사하자 전군을 통솔하였다. 어
느 날 길에서 칼 한 자루를 주웠는데, '천사황소(天賜黃巢)'라는 글
자가 새겨져 있었다. 이에 스스로 충천대장군(衝天大將軍)이라 칭
하면서 왕패(王覇)로 건원했다. 여러 전투에서 대승하였고, 낙양과
동관(潼關)을 함락하고 장안(長安)에 입성하여 스스로 황제에 올라
국호를 대제(大齊), 연호를 금통(金統)이라 했다. 884년 장안에서 철
수하여 채주(蔡州)를 함락하고 진주(陳州)를 포위했지만 3백 일 동
안 함락시키지 못했다. 이후 여러 차례 전투에서 패하고 다음 해 태
산(泰山) 낭호곡(狼虎谷)까지 쫓기자 결국 자결했다

이런 얘기가 있다[擧].

암두선사께서[巖頭] 찾아온 스님에게[僧] 물었다[問].

"어느 곳에서[什麼處] 왔는가[來]?"

그 스님이[僧] 답하였다[云].

"서경에서[西京] 왔습니다[來]."

암두선사께서[頭] 말씀하셨다[云].

"황소의 난이[黃巢] 끝났으니[過後] 검을 얻어 왔는가[還收得劍麼]?"

그 스님이[僧] 답하였다[云].

"얻었습니다[收得]."

암두선사께서[巖頭] 목을 쑥 내밀며[引頸近前] "자[囝]!"하고 외치시니[云], 그 스님이[僧] "선사님의[師] 머리가[頭] 떨어졌습니다[落也]."라

고 말하였다.[云]

암두선사께서[嚴頭] 껄껄대며 크게 웃으셨다[呵呵大笑].

그 스님이[僧] 뒷날[後] 설봉스님께[雪峰] 갔다[到].

설봉스님께서[峰] 물었다[問].

"어디에서 왔는가[什麼處來]?"

그 스님이 답하였다[僧云].

"암두선사님 계신 곳에서[嚴頭] 왔습니다[來]."

설봉스님께서 말씀하셨다[峰云].

"어떤[何] 말씀을[言句] 하시던가[有]?"

그 스님이[僧] 암두선사와의 대화를[前話] 말씀 드렸더니[擧], 설봉스님께서[雪峰] 삼십 방망이를[三十棒] 쳐서[打] 내쫓아 버렸다[趕出].

 **松江**

한 스님이 찾아오자 암두스님께서 시험의 말씀을 던지셨다. "어디에서 왔는가?" 눈 밝은 이는 대개 여기서부터 달라지지만, 이 스님은 그저 단순하게 '서경에서 왔습니다.' 하고 답하였다.

암두스님께서 두 번째 시험의 질문을 하셨다. 내용은 얼마 전에 끝난 '황소의 난' 얘기였다. 이것은 당시 사람들 입에 오르내리던 관심사였다. 암두스님은 그 가운데서도 황소가 길에서 주웠다던 보검 얘기를 꺼내셨다. "모두들 황소가 하늘에서 내린 보검을 주웠다고들 하더니만, 그래 황소가 죽고 난 지금 자네는 그 보검을 주워왔는가?" 이 질문에는 깊은 함정이 있다. 과연 피할 수 있을까?

역시 바로 빠졌다. "주워 왔습니다." 이제 함정에서 꺼내주려는 암두스님의 시도이다. 그 보검을 시용해 보라는 듯 목을 쑥 뽑아 내밀고는 고함을 꽥 질렀다. 하지만 이 스님 깊은 꿈속이다. "스님의 머리가 떨어졌습니다."하고 호기를 부렸다. 아니, 제 머리는 어쩌고? 암두스님께서 다시 한번 자비를 베푸셨다. 껄껄 웃는 그 웃음소리에 깨어났어야 했는데….

이 스님이 훗날 암두스님의 사제인 설봉스님을 찾아갔다. 그리고는 암두스님과의 대화를 그대로 녹음기처럼 되풀이해서 말하였다. 설봉스님은 더 자비로운 방법을 사용하였다. 사정없이 두들겨 패서 내쫓아 버렸다. 아직도 자신이 왜 맞았는지를 모르고 있으려나?

이 부도의 주인은 어디에서 유유자적하는가

黃巢過後曾收劍하니
황 소 과 후 증 수 검

大笑還應作者知로다
대 소 환 응 작 자 지

三十山藤且輕恕라
삼 십 산 등 차 경 서

得便宜是落便宜니라
득 편 의 시 락 편 의

산등(山藤) 산등나무. 산등나무 몽둥이.
편의(便宜) 상거래상의 이익.

황소의 난[黃巢] 지난 뒤[過後] 이미[曾] 검을[劍] 주웠다니[收],
껄껄 웃은 웃음[大笑] 마땅히[還應] 선지식이라야[作者] 알리라[知].
서른 번[三十] 몽둥이질도[山藤] 또한[且] 가벼운[輕] 용서이니[恕],
이익을[便宜] 본 것이[得] 곧[是] 손해를 본 것이라네[落便宜].

 **松江**

황소의 난 지난 뒤 이미 검을 주웠다니,

영리한 놈은 꼭 영리함 때문에 함정에 빠진다. 황소의 검을 언급한 자체가 함정인 줄도 모르고 곧바로 주웠노라고 답을 하고 말았다. 하물며 이미 소용이 없어진 남의 검이야 더 말해서 무얼 하겠는가.

껄껄 웃은 웃음 마땅히 선지식이라야 알리라.

암두스님이 껄껄대고 웃은 까닭이 무엇일까? 두 번째의 자비였다. "검을 주워 왔느냐?"하는 함정에 상대가 떨어져버리자 첫 번째 자비를 베풀었다. '그럼 내 목을 한번 쳐 봐라' 하고 목을 빼고 꽥 고함을 질렀더니, 이 멍청한 친구 제 목 달아난 줄도 모르고 "스님의 머리가 떨어졌습니다." 하고 잠꼬대를 늘어놓았다. 그래서 껄껄 웃어서 자비를 베풀었는데, 안타깝게도 잠을 깨지 못하고 말았다.

서른 번 몽둥이질도 또한 가벼운 용서이니,

그 얘길 듣고 설봉스님이 몽둥이질을 하고는 쫓아내 버렸는데, 그렇게 용서를 하면 어떻게 하는가. 아예 죽였어야 다시 태어나던가 하지.

이익을 본 것이 곧 손해를 본 것이라네.

아-이를 어쩔꼬. 암두스님과 설봉스님이 자신들의 솜씨를 뽐내기는 하였지만, 결국 그 선객을 꿈에서 깨게 하지 못했으니 헛수고만 하고 말았다. 얻은 것 없이 애만 쓰고 말았네. 쯧쯧!

관세음보살의 어떤 법구를 빌려 쓸 것인가를 생각한다면 그저 아득할 것
이다.

부대사휘안
(傅大士揮案)

부대사가 경상을 치다

松江

다른 곳에서는 '양무제가 강경을 청함(梁武帝請講經)'으로도 되어 있음.

설두스님께서 선택한 예순일곱 번째 얘기는 양무제와 부대사와 지공스님의 얘기이다.

양무제(梁武帝)는 양(梁)나라의 황제 소연(蕭衍, 464년~549년)이다. 중국 남조 양의 초대 황제(재위 : 502년-549년)로 묘호는 고조(高祖)이고 시호는 무제(武帝)이다. 남조 최고의 명군으로 칭송받았다. 치세 48년 동안 내정을 정비하여 구품관인법을 개선하고, 불교를 장려하여 국내를 다스리고 문화를 번영시켰다. 대외관계도 비교적 평온하여 약 50년간 태평성대를 유지하여 남조 최전성기를 보냈다.

양무제는 네 번(혹은 세 번)이나 동태사(同太寺)에 출가를 하려고 하였는데, 그때마다 승복을 입고 절에서 수행 생활을 하였기에 '황제보살(皇帝菩薩)' 또는 '불심천자(佛心天子)'로 불렸다. 동태사는 양무제가 서기 527년에 건립한 사찰로 지금의 남경(南京) 계명사(鷄鳴寺)다. 양무제는 거의 매일 이 절에 가서 나라의 앞날을 위해 예불을 드렸고, 가장 오래 출가생활을 한 것은 37일이었다고 한다. 결국 출가를 하지 않았던 것은, 출가라는 형태를 취하여 불교를 크게 일으키고자 하는 목적이 아니었나 생각된다.

부대사(傅大士, 497~ 569)는 양(梁)나라에서 진(陳)나라에 걸쳐 살았던 거사(居士)이다. 존칭으로 부대사라고 하는데, 이때의 대사(大士)는 보살을 가리킨다. 절강성(浙江省)의 동양(東陽) 출신으로 성(姓)은 부(傅), 이름은 흡(翕), 자(字)는 현풍(玄風), 호는 선혜(善慧)라고 하였다. 쌍림대사

(雙林大士) 또는 동양대사(東陽大士)라고도 하였다. 16세에 혼인하여 두 아들을 두었으나, 24세에 서역(西域)에서 온 숭두타(嵩頭陀)스님을 만나 가르침을 받고 동양(東陽)의 송산(松山)에 은거하여 수행하였다. 534년에 입궐하여 양무제(梁武帝)에게 설법하고, 칙명으로 종산(鍾山) 정림사(定林寺)에 머무르니 학인들이 운집하였다. 540년에 송산에 쌍림사(雙林寺)를 창건하고 머물면서 후학들을 지도하였다.『금강경오가해』를 보면 부대사의 법력을 알 수 있다.

지공(志公, 誌公)스님은 원래 금릉보지(金陵寶誌, 418~514)화상이시다. 어려서 출가하여 강소성(江蘇城) 건강(建康) 도림사(道林寺)에서 선정(禪定)을 닦았다. 양나라 무제의 스승이다.『대승찬(大乘讚)』을 지어 양무제에게 바쳤으며, 달마대사와 양무제 사이에서 인연을 맺게 하려고 애썼다. 입적 후 내려진 시호(諡號)로 광제대사(廣濟大師), 묘각대사(妙覺大師), 도림진각(道林眞覺), 자응혜감(慈應慧感), 보제성사(普濟聖師), 일제진밀(一際眞密) 등이 있다. 저서로는『문자석훈(文字釋訓)』30권과『십사과송(十四科頌)』14수,『십이시송(十二時頌)』12수,『대승찬(大乘讚)』

10수 등이 있다.

● 지공화상이 입적하실 때에 부대사가 18세였으니, 24세
에 숭두타스님을 만나 불교 공부를 시작한 부대사가 양
무제를 만났을 때는 지공화상 입적 후가 된다. 따라서 본
칙의 내용은 각색된 것이다.

擧 梁武帝가 請傅大士하야 講金剛經할
거 양무제　　청부대사　　강금강경

새 大士便於座上에 揮案一下하고 便下
대사변어좌상　　휘안일하　　변하

座라 武帝愕然커늘 誌公이 問陛下還會
좌　무제악연　　지공　　문폐하환회

麼아 帝云 不會라 誌公云 大士講經竟
마　제운 불회　지공운 대사강경경

호이다

이런 얘기가 있다[擧]. 양무제가[梁武帝] 부대사를[傅大士] 청하여[請] 금강경을[金剛經] 강의하게 하였다[講].

부대사가[大士] 법좌 위에서[於座上] 문득[便] 경상을[案] 한번[一下] 내리치고는[揮] 곧바로[便] 법좌를[座] 내려왔다[下].

무제가[武帝] 깜짝 놀랐다[愕然].

지공스님이[誌公] "폐하[陛下] 아시겠습니까[還會麼]?" 하고 물었다[問].

무제가[帝] "모르겠습니다[不會]." 하고 답했다[云].

지공스님이[誌公] "부대사의[大士] 금강경[經] 강의가[講] 끝났습니다[竟]."고 하였다[云].

 **松江**

  아무리 경전을 잘 설파한다고 듣는 사람이 다 아는 것은 아니다. 예전이나 지금이나 여전히 자신의 알음알이 자랑하려 드는 사람이 많기 때문이다.

  여기 부대사는 양무제를 대단히 높게 대접했다. 하긴 걸핏하면 절에 가서 가사를 두르고 있을 만큼 건방을 떠는 황제니 본보기를 보여주는 것도 좋으리라. 평소에 입만 벌리면 경전의 구절을 말하던 양무제에게 자상하게 설명한다고 무슨 이익이 있겠는가. 금강경의 핵심이야 말로만 드러낼 수 있는 것이 아니다. 오히려 번다한 언어를 떠나 간결한 초월적 언어를 보여주는 것도 좋으리라. 그래서 부대사가 보여준 것은 경상을 한번 내리친 것이었다. 그리고는 내려와 버렸다. 참 좋다.

  눈이 휘둥그레진 양무제. 그 꼴이라니…쯧쯧.

  그런데 묘한 일이 벌어졌다. 이미 입적한 지공스님이 등장했다. 아주 친절하게 "알았습니까?"하고 물었다. 양무제는 솔직하게 고백하고 말았다. "모르겠습니다." 그런데 지공스님은 참 친절하시다. "부대사의 금강경 강의가 끝났습니다." 참 좋다. 참 친절하시다. 여기에 말을 보탰다면 양무제를 대동하여 지옥으로 곧장 들어갔을 것이다. 이것이 선지식들의 친절이다.

부처님께서 금강경 법문을 하신 기원정사의 법당 및 승원터
여기서 석가모니부처님의 법문을 들을 수 있다면 부대사의 법문도 알 수
있을 것이다

不向雙林寄此身하고
불 향 쌍 림 기 차 신

却於梁土惹塵埃로다
각 어 양 토 야 진 애

當時不得誌公老런들
당 시 부 득 지 공 로

也是栖栖去國人이니라
야 시 서 서 거 국 인

쌍림(雙林) 부대사가 살던 곳.

야진애(惹塵埃) 티끌 먼지를 일으키다. 부대사가 금강경 법문을 한 것.

서서(栖栖) 아주 급한 모양.

거국인(去國人) 달마대사.

머물던 쌍림에[向雙林] 그 몸[此身] 의탁하지
[寄] 않고[不]
도리어[却] 양나라에서[於梁土] 티끌 먼지 일으
켰네[惹塵埃].
당시에[當時] 지공 노인네를[誌公老] 만나지
못했다면[不得]
역시[也] 그도[是] 바삐[栖栖] 나라 떠난[去國]
사람 되었으리[人].

 **松江**

머물던 쌍림에 그 몸 의탁하지 않고
도리어 양나라에서 티끌 먼지 일으켰네.

쌍림은 부대사가 절을 짓고 머물던 자리이며, 또한 본래 면목의 경지이기도 하다. 자비심을 펼치기 전이라면 그저 적멸한 상태로 지내면 되겠지만, 그러나 선지식은 자비심을 원만히 갖추고 있다. 그러므로 먼지 뒤집어쓰는 것쯤을 겁내지 않는다. 부대사가 양무제의 청으로 법상에 올라 경상을 내리친 것도 본래의 자리에서 보자면 먼지를 일으킨 것이다. 그러나 스스로 알면서 그렇게 하는 것이 바로 대자비이다.

당시에 지공 노인네를 만나지 못했다면
역시 그도 바삐 나라 떠난 사람 되었으리.

부대사가 대자비심을 발하여 스스로 티끌 먼지를 뒤집어쓰면 뭘 하겠는가. 상대는 까막눈이고 귀머거리인 것을. 만약 지공화상이 그 자리에서 "부대사가 금강경을 설법하여 마쳤습니다.”라고 자기 일처럼 밝히지 않았다면, 양무제뿐만 아니라 세상 사람들이 모두 부대사를 괴이한 사람으로 취급하고 말았을 것이다. 그러니 달마대사가 양무제를 만난 이후 아무 소득 없이 서둘러 양나라를 떠나 위나라로 가버렸던 것처럼, 부대사도 또한 그러했을 것이다.

달마대사는 양무제를 만난 후 때가 아님을 알고는 서둘러 위나라로 건너
가시어 숭산 소실봉의 동굴에 머무셨다
2010년 9월 13일 달마동

松江

다른 곳에서는 '혜적선사와 혜연선사(惠寂惠然)' 로도 되어 있음.

설두스님께서 선택한 예순여덟 번째 얘기는 앙산 혜적선사와 삼성 혜연선사의 대화이다.

앙산 혜적(仰山慧寂, 803~887)선사는 당대의 걸승으로 앙산에 주석하였기에 법호가 되었다. 소주(韶州) 출신으로

17세에 출가하면서 손가락 두 개를 자르며 서원을 세우고 삭발하였다. 탐원 응진(耽源應眞)선사와 위산 영우(潙山靈祐)선사의 지도를 받았으며, 위산선사의 법을 이었다. 위산선사와 앙산선사를 잇는 문파를 위앙종이라고도 한다. 원주(袁州)의 대앙산(大仰山)에 오래 주석하셨고, 동평산(東平山)에서 입적하셨다.

삼성화상은 진주(鎭州) 삼성원(三聖院)의 혜연화상(慧然和尙)이며, 임제선사(臨濟禪師, ?~867)의 법제자이다. 임제선사를 17년간 모셨으며, 『임제록(臨濟錄)』을 편집했다. 임제선사께서 입적(入寂)하려 하실 때에 "내가 간 뒤 나의 정법안장(正法眼藏)이 없어지지 않게 하라."고 하시자, 꽥 고함을 질렀다고 전한다. 생몰연대는 밝혀지지 않았다.

垂示

掀天關翻地軸하며 擒虎兕辨龍蛇는 須
흔 천 관 번 지 축　　　금 호 시 변 룡 사　　수

是箇活鱍鱍漢이라야 始得이니 句句相投
시 개 활 발 발 한　　　　시 득　　　구 구 상 투

하며 機機相應하리라 且從上來什麼人이
　　기 기 상 응　　　　차 종 상 래 십 마 인

合恁麼오 請擧看하라
합 임 마　　청 거 간

천관(天關) 북두칠성. 하늘의 문. 천체. 하늘.

호시(虎兕) 호랑이와 외뿔소.

발발(鱍鱍) 물고기가 마음대로 힘차게 헤엄치거나 물위로 뛰어오르
는 모양

활발발한(活鱍鱍漢) 자유자재하게 살아 움직이는 사람.

상투(相投) 서로 잘 맞음.

수시

하늘의 문을[天關] 번쩍 들고[掀] 대지의 중심을[地軸] 뒤집으며[翻], 호랑이와 외뿔소를[虎兕] 사로잡고[擒] 용과 뱀을[龍蛇] 가리는 것은[辨] 모름지기[須] 바로[是] 이[箇] 자유자재하게 살아 움직이는[活鱍鱍] 사람이라야[漢] 비로소[始] 가능하나니[得], 말하는 것마다[句句] 서로 잘 통하고[相投] 행위마다[機機] 서로 잘 맞는 것이다[相應]. 자[且], 예로부터 오면서[從上來] 어떤 사람이[什麼人] 이러했는가[合恁麼]? 다음 얘기를 살펴보자[請擧看].

 **松江**

　세상에서 굳게 믿고 있는 상식 따위를 단번에 무너뜨리고, 모든 사람들이 목숨보다 귀하게 여기는 것을 돌처럼 버리는 사람이 있다. 모두가 벌벌 떨며 두려워하는 일을 단숨에 처리해 버리고, 세상이 다 속는 사기꾼을 단번에 가려내는 사람이 있다.

　이렇게 되려면 어떤 사상이나 가치관에도 휩쓸리지 않는 자유로운 영혼이어야 하고, 논리나 체계에 갇히지 않고 곧바로 행동할 수 있는 사람이어야 한다. 이런 사람은 어떤 말을 해도 곧바로 핵심을 파악하여 알맞게 답을 하고, 어떤 행위를 만나더라도 한 치도 어긋남이 없이 대응한다.

　자, 누가 과연 이럴 수 있단 말인가?

스승님 한산당 화엄대선사님은 일반 스님들과는 완전히 다른 세계에서
노니셨다

擧 仰山이 問三聖호대 汝名이 什麽오 聖
거 앙산　문삼성　　여명　십마　성

이 云 惠寂이니다 仰山云 惠寂은 是我라
운 혜적　　　앙산운 혜적　시아

聖云 我名은 惠然이니다 仰山이 呵呵大
성운 아명　혜연　　앙산　가가대

笑하다
소

이런 얘기가 있다[擧].

앙산선사께서[仰山] 삼성스님에게[三聖] 물었다[問].

"자네 이름이[汝名] 무엇인가[什麽]?"

삼성스님이[聖] 답하였다[云].

"혜적입니다[惠寂]."

앙산선사께서[仰山] 말씀하셨다[云].

"혜적은[惠寂] 내 이름이야[是我]."

삼성스님이[聖] 말하였다[云].

"제 이름은[我名] 혜연입니다[惠然]."

앙산선사께서[仰山] 껄껄대며 크게 웃으셨다[呵呵大笑].

　무심한 듯 던지는 말이 때로는 털을 자르는 검이 되기도 하고 용을 잡는 그물이 되기도 한다. 앙산선사의 질문이 바로 그러하다. "자네 이름이 무엇인가?" 여기에 걸려들면 큰 낭패를 당한다. 최고의 방어는 곧 공격이다. 삼성스님은 앙산선사의 칼자루와 그물을 잽싸게 낚아채 버렸다. 앙산선사의 법명을 댄 것이다.

　공격이 용이치 않자 헛다리 짚듯이 상대를 유인하는 앙산선사의 솜씨가 놀랍다. 하지만 삼성스님은 운이 좋아 칼과 그물을 뺏을 수 있었던 것이 아니었다. 헛다리 짚는 것을 대응하는 것은 자신도 헛다리 짚는 솜씨를 보이는 것이다. 앙산선사가 혜적이 자기 이름이라고 밝히자 삼성스님도 자기 이름 혜연을 밝혔다.

　어느 순간 먹구름이 몰려오고 광풍이 이는 듯했으나 앙산선사의 껄껄대며 웃으시는 큰 소리에 하늘은 어느덧 본래의 모습으로 돌아가 있다. 참 좋다. 세상에는 이런 맛이 있는 것이다. 그러나 다 맛보는 것은 아니다.

스승님과 대화를 나눌 때에는 군더더기 설명이 전혀 필요가 없었다
1978년에 스승님과 담소하는 모습을 신도가 촬영한 것

雙收雙放若爲宗고
쌍 수 쌍 방 약 위 종

騎虎由來要絶功이로다
기 호 유 래 요 절 공

笑罷不知何處去오
소 파 부 지 하 처 거

只應千古動悲風이로다
지 응 천 고 동 비 풍

쌍수쌍방(雙收雙放) 서로 거두고 서로 놓아주다. 수(收)와 방(放)은 선어록에서 많이 사용하는 용어로 파주(把住-잡아 둠)와 방행(放行-풀어 놓음)이라는 용어와 같다. 중국의 선원에서는 금전이 들어오는 것을 파(把)라 하고 나가는 것을 방(放)이라고 하였다. 수(收) 또는 파주(把住)는 선문답에서 부정과 평등을 나타내는 경우이고, 방(放) 또는 방행(放行)은 선문답에서 긍정과 차별을 드러내는 경우이다.

약위(若爲) 여하(如何) 즉 어찌, 어떻게, 무엇 등의 뜻으로 쓰이는 말로 한시(漢詩)에 많이 보이며, 당대(唐代)와 송대(宋代)에 많이 사용된 속어(俗語)이다.

유래(由來) 본래부터, 애당초.

천고(千古) 아주 오랜 세월. 영원히.

비풍(悲風) 쓸쓸하고 슬픈 느낌을 주는 바람. 적막한 바람. 탄식의 바람.

서로 잡아들이고[雙收] 서로 놓아주는 것은[雙放] 어떤[若爲] 종지인가[宗]?

호랑이를 타려면[騎虎] 애당초[由來] 초절정의 공력이라야[絶功] 하지[要].

껄껄댄 큰 웃음[笑罷] 어디로[何處] 갔는지[去] 알지 못하니[不知]

다만[只] 오래도록[千古] 탄식의 바람만[悲風] 일게[動] 했네[應].

松江

서로 잡아들이고 서로 놓아주는 것은 어떤 종지인가?
호랑이를 타려면 애당초 초절정의 공력이라야 하지.

상대가 부정으로 나올 때 곧바로 부정의 공격을 감행한다는 것은 결코 쉬운 일이 아니다. 그런데 더 나아가 부정하던 상대가 곧바로 긍정의 방법으로 나오는 것을 바로 알아채고 곧 그 방법으로 대응한다는 것은 참으로 보통 사람들이 할 수 있는 일이 아니다. 공격과 수비를 능히 자유자재로 할 수 있는 사람이 아니면 곧바로 당해 버린다.

호랑이를 상대하는 것은 용기만으로는 결코 될 수 없는 일이다. 물론 노력으로도 가능한 일이 아니다. 호랑이의 머리와 꼬리를 동시에 잡을 수 있는 사람이라야 가능한 것이다.

껄껄댄 큰 웃음 어디로 갔는지 알지 못하니
다만 오래도록 탄식의 바람만 일게 했네.

두 선사의 대화에서 설령 알음알이로 접근할 수 있었다고
하더라도 앙산선사의 껄껄댄 큰 웃음에는 속수무책이 된다.
내로라하던 이들마저도 괜스레 두리번거리기만 할 뿐이니,
참으로 안타까운 탄식 소리가 바람이 일 듯할 뿐이다.

상대나 얘기의 내용에 따라 자애로울 때는 한없이 자애로우셨다

얘기가 엉뚱한 곳으로 흘러가면 가차없이 지적하시며 잡아들이셨다

남전원상
(南泉圓相)

남전선사의 일원상

松江

다른 곳에서는 '남전선사가 혜충국사를 뵈러 감(南泉拜忠國師)'으로도 되어 있음.

설두스님께서 선택한 예순아홉 번째 얘기는 남전선사, 귀종선사, 마곡선사의 대화이다.

남전 보원(南泉普願, 748~834)선사는 당대(唐代)의 고승으로 마조 도일(馬祖道一)선사의 법제자이다. 하남성(河南

省)의 신정(新鄭)에서 출생했다. 속성이 왕씨(王氏)로 10살 때 하남성 밀현(密縣) 대외산(大隈山)의 대혜 종고(大慧宗杲)화상에게 출가하여 삼장(三藏)을 익히고, 777년 비구계를 받은 뒤에도 경론(經論)을 공부했으나 부족함을 느껴 마조선사를 찾아뵙고 지도를 받아 깨달음에 이르렀다. 795년에 안휘성(安徽省) 지양(池陽) 남전산(南泉山)에 들어가 나무하고 농사를 지으며 선풍을 떨치기 시작했다. 30년간 한 번도 산을 나가지 않았으며, 말년에는 속성을 따서 스스로 왕노사(王老師)라고 칭했다. 제자로 조주 종심(趙州從諗)·장사 경잠(長沙景岑)·자호 이종(子湖利蹤) 등의 걸출한 이들이 많이 있고, 속가의 제자로는 육환 대부가 유명하다.

귀종 지상(歸宗智常, ?)선사는 마조 도일(馬祖道一, 709~788)선사의 법제자로 귀종사에 주석하였기에 법호를 '귀종'이라 하였다. 『경덕전등록』에 설법과 문답 등이 많이 있으나 생몰연대는 밝혀지지 않았다. 시호(諡號)는 지진(至眞)선사이다. 마곡 보철(麻谷寶徹, ?)선사는 마조 도일(馬祖道一)선사의 법제자로 마곡산에 머물면서 선풍을 고취시켰기에 법호가 마곡이다. 생몰연대는 미상이다.

無啗啄處祖師心印은 狀似鐵牛之機요
무담탁처조사심인　상사철우지기

透荊棘林納僧家는 如紅爐上一點雪이
투형극림납승가　여홍로상일점설

니라 平地上七穿八穴은 則且止하고 不
평지상칠천팔혈　즉차지　불

落羣緣은 又作麼生고 試擧看하라
락인연　우자마생　시거간

담탁(啗啄) 먹고 쪼다 – 맛보다. 무담탁(無啗啄) – 먹을 수도 없고 쫄 수도 없다. 어떻게 해볼 수가 없다.

철우(鐵牛) 옛날 우왕(禹王)이 황하(黃河)의 물을 다스리기 위해 무쇠로 만들었다는 전설의 소로서, 소의 머리는 하남(河南)에 있고 꼬리는 하북(河北)에 있으며, 위로는 삼십삼천에 이르고 아래로는 지옥에 닿는다고 한다. 이 전설의 철우를 선가(禪家)에서 상징으로 사용하고 있다. 아무 의식이 없는 무쇠 소가 황하의 물을 다스리는 도리를 알면 된다. 온 법계에 충만한 진여자성이 바로 그러하다.

칠천팔혈(七穿八穴) 적진을 마음대로 공략하는 것을 일컫는 말. 칠통팔달(七通八達)과 같은 뜻으로 자유자재함을 뜻함.

즉차지(則且止) 그건 그렇다 치고. 잠시 그대로 두고.

인연(夤緣) (1) 덩굴이 뻗어 올라감. (2) 권세(權勢) 있는 연줄을 타서 지위(地位)에 오름.

수시

먹을 수도[啐] 쫄 수도[啄] 없는[無] 곳인[處] 조사의[祖師] 마음 도장은[心印] 무쇠 소의 작용과[鐵牛之機] 같고[狀似], 가시의 숲을[荊棘林] 통과한[透] 선승들은[納僧家] 벌겋게 달아오른 화로 위의[紅爐上] 한 점[一點] 눈과[雪] 같다[如].

평평한 땅 위에서의[平地上] 자유자재함은[七穿八穴] 잠시 그대로 두고[則且止], 뒤엉킴에[葛緣] 떨어지지[落] 않으려면[不] 또[又] 어째야 하는가[作麼生]?

다음 얘기를 살펴보자[試擧看].

松江

　조사들께서 깨달았다는 그 자리는 법문을 통째로 외워도 소용없고, 이리저리 머리를 굴리며 분석해도 들어갈 수가 없다. 특별한 솜씨를 보이지 않는데도 모든 것은 제자리로 돌아가고 있다.

　이런 경지에 이른 이들도 모두 가시덤불을 헤치고 지나왔다. 그러기에 그들의 자취는 귀신도 훔쳐보기 어렵고, 천리안을 지녔어도 발자국을 찾을 수 없다.

　평상시의 삶에서 이처럼 자유자재한 경지에 대해서는 잠시 접어두고, 자 어떻게 하면 자신을 얽어매고 있는 온갖 상황들에 떨어지지 않을 수 있겠는가?

중국 숭산 소림사에 있는 서방성인도(西方聖人圖)
인도에서 무엇을 전하려 왔을까

本則

擧 南泉歸宗麻谷이 同去禮拜忠國師
거 남전귀종마곡 　 동거예배충국사

러니 至中路하야 南泉이 於地上에 畫一
　 지중로 　 남전 　 어지상 　 획일

圓相하고 云 道得卽去하리라 歸宗이 於
원상 　 운 도득즉거 　 귀종 　 어

圓上中坐하니 麻谷이 便作女人拜라 泉
원상중좌 　 마곡 　 변작여인배 　 전

云 恁麼則不去也라 歸宗云 是什麼心
운 임마즉불거야 　 귀종운 　 시십마심

行고
행

충국사(忠國師) 남양 혜충(南陽慧忠: ?~775)국사. 혜능스님의 법제자. 오령산(五靈山)과 나부산(羅浮山), 사명산(四冥山), 천목산(天目山) 등 여러 명산을 다니다가 남양 백애산 당자곡에 들어가 40여 년 동안 지냈다. 현종과 숙종, 대종의 3대 임금의 두터운 귀의를 받았고, 국사로 모셔졌다. 시호는 대증국사(大證國師)이다.

이런 얘기가 있다[擧].

남전스님과[南泉] 귀종스님과[歸宗] 마곡스님이[麻谷] 함께[同] 혜충국사를[忠國師] 뵈려고[禮拜] 길을 떠났다[去]. 길의 중간쯤에[中路] 이르자[至] 남전스님이[南泉] 땅 위에다[於地上] 동그라미[圓相] 하나를[一] 그리고는[畫] 말했다[云].

"알맞게 말한다면[道得即] 가겠네[去]."

귀종스님이[歸宗] 동그라미 가운데에[於圓上中] 앉으니[坐] 마곡스님이[麻谷] 곧바로[便] 여인의 절을[女人拜] 하였다[作].

남전스님이[泉] 말하였다[云]. "그렇다면[恁麼則] 가지 않겠네[不去也]."

귀종스님이[歸宗] 말했다[云]. "이게[是] 무슨
[什麼] 심보인가[心行]?"

뛰어난 안목을 지닌 세 선사가 천하의 혜충국사를 뵈러가고 있다. 무슨 목적일까?

내가 법당에서 기도를 하고 나오면 이런 질문을 하는 이가 있다.

"스님은 무엇을 원하셔서 기도하십니까?"

"아무것도 원하지 않습니다."

"그럼 왜 기도하시는 것입니까?"

"그래서 기도하는 것입니다."

길을 가던 도중에 남전선사가 불쑥 땅에다 동그라미를 그리고는 말했다. "자 한마디씩 제대로 말해보게나. 그러면 내가 계속 함께 가겠네."

원래 모든 것은 불시에 일어나는 법이다. 사람들은 수많은 계획을 세우지만, 삶이란 그 계획대로 되는 법이 없다. 눈앞에 나타나는 일은 제대로 보고 처리할 수 있어야 비로소 헤매는 일이 없을 것이다. 남전선사가 뜻밖의 제시를 하였지만, 당황할 두 선사가 아니었다. 귀종선사는 망설임 없이 원안으로 들어가 앉았고, 마곡선사가 그런 귀종선사를 향해 공손히 여인처럼 절을 했다.

남전선사는 처음부터 조건부로 문제를 낸 것이 아니다. 평지풍파를 일으켜 본 것이다. 일종의 이벤트와 같은 것이다. 그러니 답이라는 것이 어떤 의미를 갖는 것이 아님을 처음부터 알았어야 한다.

하지만 상대의 두 선사도 남전선사에게 당하고만 있을 분들이 아니었다. 남전선사가 가지 않겠다고 하자, 귀종선사가 "무슨 심보냐?"고 일갈하여 모든 문제를 해소해 버렸다.

이 가운데 숨겨진 것은 무엇이며, 드러난 것은 무엇일까?

여기 무슨 벽이 있으며, 얻고 잃음이 있겠는가

由基箭射猿이여
유 기 전 사 원

遶樹何太直고
요 수 하 태 직

千箇與萬箇여
천 개 여 만 개

是誰曾中的고
시 수 증 중 적

相呼相喚歸去來하야
상 호 상 환 귀 거 래

曹溪路上休登陟이로다
조 계 로 상 휴 등 척

復云 曹溪路坦平커늘
부 운 조 계 로 탄 평

爲什麽休登陟고
위 십 마 휴 등 척

유기(由基) 양유기(養由基). 춘추시대 초(楚)나라의 궁술 명인(弓術名人)으로 100보 밖에서 버들잎을 백발백중시켜 이를 '백보천양(百步穿楊), 천엽지공(穿葉之功)'이라 함. – 사기(史記) 주본기(周本紀)에서.

초의 장왕(莊王)이 원숭이를 발견하고는 신하에게 쏘게 하였으나 원숭이가 그 화살을 붙잡아 장난을 쳤다. 왕이 유기에게 원숭이를 쏘라고 하니, 활을 쏘기도 전에 원숭이가 나무를 안고 울부짖었다. 유기가 활을 쏘자 원숭이가 나무를 빙빙 돌면서 피하려 하였으나 화살은 정확하게 원숭이를 맞췄다. – 회남자(淮南子) 설산훈(說山訓)에서

요수(遶樹) 유기가 쏜 화살이 나무를 돌며 피하는 원숭이를 따라 돌아서 원숭이를 맞춘 것을 가리킴,

유기가[由基] 원숭이에게[猿] 화살을[箭] 쏨이여[射],

나무를 빙빙 돈 화살[遶樹] 어찌[何] 그리도 곧은가[太直].

일천 사람[千箇] 그리고[與] 만 사람이여[萬箇],

그[是] 누가[誰] 일찍이[曾] 맞추었는가[中的].

돌아가자며[歸去來] 서로 부르고[相呼] 서로 외치더니[相喚],

조계의 길[曹溪路] 위에서[上] 오르는 것[登陟] 멈추었네[休].

설두스님이 다시 말씀하셨다[復云].

조계의 길은[曹溪路] 평탄한데[坦平]

어째서[爲什麽] 오르는 것[登陟] 멈추는가[休]?

松江

유기가 원숭이에게 화살을 쏨이여,
나무를 빙빙 돈 화살 어찌 그리도 곧은가.

재주 뛰어난 원숭이를 보면 보통 사람들은 신기해한다. 하지만 뛰어난 솜씨를 가진 이들에겐 그 재주라는 것이 별것 아니다. 유기가 비록 솜씨 좋다고 하지만, 어찌 세 선지식만 하리요. 무심히 던진 화살이 백발백중이다.

일천 사람 그리고 만 사람이여,
그 누가 일찍이 맞추었는가.

수많은 이들이 세 스님의 언행을 두고는 헛소리들을 지껄이고 있구나. 말에 떨어지지도 말고 행동을 따라가지도 말라.

돌아가자며 서로 부르고 서로 외치더니,
조계의 길 위에서 오르는 것 멈추었네.

돌아간다고 하니 도대체 어디로 돌아간다는 말인가. 설두 노인네가 은근히 사람들을 시험하고 있다. 아니지. 남전 노인네가 먼저 장난을 시작했던가. 세 선지식의 한바탕 연극에 가장 신난 이가 설두 늙은이로군.

설두스님이 다시 말씀하셨다.
조계의 길은 평탄한데
어째서 오르는 것 멈추는가?

그럼 그렇지. 설두 노인네의 노파심이 어디로 가겠는가. 처음부터 세 노인네에게는 관심도 없었지. 설두 노인네는 지금 누구에게 입이 아프도록 외치고 있는가.

숭산 달마동으로 오르는 사람들
그러나 이들은 달마의 길을 오르는 것이 아니다

제70칙

백장병각인후 1
(百丈倂却咽喉)

백장선사의 입 닫고 말하기

松江

다른 곳에서는 '위산의 입 닫고 말하기(潙山倂却咽喉)'로
도 되어 있음.

설두스님께서 선택한 일흔 번째 얘기는 백장선사와 위산
선사의 대화이다.

백장선사(百丈禪師, 749~814)는 마조 도일선사(馬祖道
一禪師)의 법제자인 회해(懷海)선사를 가리킨다. 회해선사

에게 귀의한 사람들이 강서성(江西省) 홍주(洪州)의 대웅산(大雄山)에 대지성수선사(大智聖壽禪寺)를 세워드리니, 그곳에서 후학을 지도하셨다. 대웅산은 높고 험준하여 일명 백장산(百丈山)으로 불리기도 했는데, 그 이름을 따서 백장선사라고 존칭하게 되었다.

회해선사는 이곳에서 선원의 자세한 규칙을 제정하여 시행하였는데, 그것이 유명한 백장청규(百丈淸規)이다. 선사는 말년에도 계속 대중과 함께 작업을 하셨는데, 좀 쉬게 해드리려고 농기구를 감췄더니 그날 공양을 드시지 않으셨다. 바로 유명한 '하루 일하지 않으면 하루 먹지 않는다.'는 일일부작 일일불식(一日不作一日不食)을 몸소 보여주신 것이다.

선사의 제자로서는 중국 선종에 우뚝한 위산 영우(潙山靈祐)선사와 황벽 희운(黃檗希運)선사 등이 있다.

위산 영우(潙山靈祐, 771~853)선사는 백장(百丈)선사의 법제자이다. 제자 앙산(仰山)선사와 더불어 위앙종의 종조(宗祖)로 꼽힌다.

15세에 건선사(寺)의 법상율사 아래 출가하여 대소승 경전과 계율을 연구하였다. 23세에 강서 지방으로 건너가 백장선

사를 뵈었는데, 바로 제자로 받아들여 윗자리에 앉혔다고 한
다.

어느 날 백장선사가 옆에 서 있는 영우스님에게 물었다.

"누구냐?"

"영우입니다."

"화로 속에 불이 있는지 살펴보도록 해라."

한참을 살핀 후 답했다.

"없습니다."

백장선사께서 직접 화로를 깊숙이 헤쳐서 작은 불씨를 하
나 찾아낸 후, 들어 보이면서 말씀하셨다.

"이게 불이 아닌가?"

영우스님이 깨닫고서 절을 한 뒤에 자기의 견해를 펴니,
백장선사께서 말씀하셨다.

"그것은 잠시 나타난 갈림길을 뿐이다. 경에 이르기를 '불
성을 보고자 하면 마땅히 시절인연을 관찰해야 한다'고 하였
다. 시절이 이르게 되면 마치 미혹했다가 홀연히 깨달은 것
같고 잊었다가 문득 기억해낸 것과 같아서, 비로소 그것이
본래 자기 물건이었지 남의 것은 아니었다는 것을 살피게 된

다. 그러므로 조사께서 말씀하시기를 '깨달아 마치면 깨닫지 못한 것과 같고, 마음이 없으면 또한 법도 없다'고 하셨다. 이는 다만 허망하게 범부니 성인이니 하는 따위의 마음이 없고, 본래의 심법(心法)이 원래 스스로 갖춰진 것을 말한다. 자네가 이제 그렇게 되었으니, 잘 보호해 지녀라."

백장선사는 영우스님에게 위산(潙山)에 가서 도량을 만들라고 했다. 처음에는 원숭이와 벗하여 도토리 등으로 연명하였으나 점차 사람들에게 알려지면서 절을 이루게 되었다. 대장군인 이경양(李景讓)이 황제께 아뢰어 동경사(同慶寺)라는 이름을 내리게 되고, 다시 상국(相國 – 정승)인 배휴(裵休)가 와서 지도를 받음으로 해서 천하에 이름이 알려지게 되었다. 40여 년 지도하면서 41명의 깨달은 제자를 두었고, 그 수제자가 앙산(仰山)선사이다. 위산에서 83세로 입적하셨고, 황제는 대원(大圓)선사라고 시호를 내렸다.

垂示

快人一言_{이요} 快馬一鞭_{이라} 萬年一念_이
쾌인일언　　쾌마일편　　만년일념

요 一念萬年_{이로다} 要知直截_{인댄} 未舉已
　일념만년　　요지직절　　미거이

前_{이라} 且道_{하라} 未舉已前_은 作麼生摸
전　　차도　　미거이전　　자마생모

索_고 請舉看_{하라}
색　　청거간

직절(直截) 직각적으로 분별하여 앎. 곧바로 모든 것을 끊어버리고 초월함.

미거이전(未舉已前) 말로써 설명하기 그 전에.

지혜로운 사람은[快人] 한마디 말이면 되고[一言], 뛰어난 말은[快馬] 한 번의 채찍으로 충분하다[一鞭]. 만년의 세월이[萬年] 한 생각이요[一念], 한 생각이[一念] 만년 세월이다[萬年].

곧바로 끊어버림을[直截] 알고자[知] 한다면[要], 말하기 전이라야 한다[未擧已前].

자, 말해 보라[且道]. 말하기 이전의 도리는[未擧已前] 어떻게[作麼生] 찾을까[摸索]?

다음 이야기를 살펴보자[請擧看].

松江

　지혜로운 사람이라면 구구절절 설명을 들어야 하는 것이 아니다. 한마디 말로 모든 것을 꿰뚫는다. 계속 채찍을 휘둘러야 한다면 훌륭한 말이 아니다. 한 번의 채찍 소리로 천 리를 내닫는 법이다.

　어리석은 사람들은 만년 세월과 한 생각을 완전히 다른 것으로 보지만, 지혜로운 이는 별개의 것으로 보지 않는다. 이미 지혜가 열렸기에 만년이 곧 일념에 다 포용되며, 일념으로 만년을 관통하는 것이다.

　말은 간단하지만 이것은 결코 만만한 일이 아니다. 위와 같은 초월적 경지는 언어의 개념으로 풀이되는 것이 아니다. 공부의 맛을 좀 안 사람들이라도 대개 끝없이 설명을 해야 기뻐하지만, 초월적 경지에 이른 사람은 설명 자체가 필요 없는 것이다.

　자, 어떻게 하면 이런 경지에 이를 수 있을까?

아래에서는 낱낱 것을 찾아다니며 살펴야 하지만 위에서는 단번에 모든 것을 본다

擧 潙山五峰雲巖이 同侍立百丈이러니
거 위산오봉운암 동시립백장

百丈이 問潙山호대 倂却咽喉唇吻하고
백장 문위산 병각인후순문

作麼生道오 潙山云 却請和尙道하소서
자마생도 위산운 각청화상도

丈云 我不辭向汝道나 恐已後喪我兒
장운 아불사향여도 공이후상아아

孫이로다
손

본칙

이런 얘기가 있다[擧].

위산스님[潙山]과 오봉스님과[五峰] 운암스님이[雲巖] 함께[同] 백장선사를[百丈] 모시고 서 있었다[侍立]. 백장선사께서[百丈] 위산스님에게[潙山] 물었다[問].

"목구멍과[咽喉] 입술을[脣吻] 사용하지 않고[倂却] 어떻게[作麼生] 말하겠느냐[道]?"

위산스님이[潙山] 말하였다[云].

"오히려[却] 스님께서[和尙] 그렇게 말씀해주시길[道] 청하옵니다[請]."

백장선사께서[丈] 말씀하셨다[云].

"내가[我] 너에게[向汝] 말하는 것은[道] 사양치[辭] 않겠으나[不], 이후에[已後] 나의[我] 자손을[兒孫] 잃을까[喪] 염려되는구나[恐]."

백장선사께서 멋진 잔치를 베푸셨다. 만일 능력 있는 사람이라면 백장 노인네가 베푼 잔치지만 스스로가 주인공 노릇을 할 수 있을 것이다. 그런데 이 노인네가 소득 없는 잔치를 베풀겠는가.

백장선사께서 제자 위산스님에게 날카로운 양날의 칼을 내밀며 한번 잡아보라고 시험을 하셨다. 아차하면 손이 날아갈 판이다.

"입 꽉 다물고 말을 해 봐라!"

위산스님은 스승 백장선사께서 아끼던 제자였다. 바로 스승의 칼자루를 뺏어서 스승을 겨누는 솜씨가 있었었기 때문이다.

"어디 스승님께서 입도 벙긋 말고 말씀해 보시지요."

이 얼마나 멋진 솜씨인가. 그렇다고 함부로 흉내를 내다간 죽을 수도 있다.

백장 노인네의 솜씨는 그래도 제자보다는 한 수 위다. 뺏긴 칼자루를 얼른 되뺏어서 그 칼의 광채를 보여주었다.

"말해줄 수는 있지만, 그렇게 하면 모두가 눈멀고 말 것이다."

참으로 노련한 솜씨이다.

꽉 다문 입으로 하시는 법문을 듣는가
중국 사천성 낙산대불(樂山大佛)

頌

卻請和尙道여
각 청 화 상 도

虎頭生角出荒草로다
호 두 생 각 출 황 초

十洲春盡花凋殘이나
십 주 춘 진 화 조 잔

珊瑚樹林日杲杲로다
산 호 수 림 일 고 고

황초(荒草) 거친 풀숲. 가시덤불.

십주(十洲) 원오스님의 평창(評唱)에는 다음과 같이 설명하였다. 십주는 모두 바다 밖에 붙어 있는데 다음과 같다. 첫째는 조주(祖洲)이니 반혼향(返魂香)이 나온다. 둘째는 영주(瀛洲)이니 지초(芝草)와 옥석(玉石)이 나고 샘물은 술맛과 같다. 셋째는 현주(玄洲)이니 선약(仙藥)이 나오는데 이를 먹으면 불로장생한다. 넷째는 장주(長洲)이니 모과(木瓜)와 옥영(玉英)이 나온다. 다섯째는 염주(炎洲)이니 불에 넣어도 타지 않는 화완포(火浣布)가 나온다. 여섯째는 원주(元洲)이니 꿀맛 같은 영천(靈泉)이 있다. 일곱째는 생주(生洲)이니 산천에 추위와 더위가 없다. 여덟째는 봉린주(鳳麟洲)이니 봉의 부리와 기린의 뿔을 달여 만든 속현교(續弦膠)가 나온다. 아홉째는 취굴주(聚窟洲)이니 청동 머리에 무쇠 이마를 지닌 사자가 나온다. 열째는 단주(檀洲) 또는 유주(流洲)이니 곤오석(琨吾石)이 나오는데, 이를 칼로 만들면 옥돌이 진흙처럼 잘린다.

오히려[卻] 스님께서[和尙] 말씀하시길[道] 청한다 함이여[請],

호랑이 머리에[虎頭] 뿔 생겨[生角] 가시덤불[荒草] 나오네[出]. 신선세계[十洲] 봄[春] 다해[盡] 꽃[花] 시들어 쇠잔하나[凋殘],

산호나무[珊瑚樹] 숲에는[林] 해가[日] 밝고도 밝구나[杲杲].

오히려 스님께서 말씀하시길 청한다 함이여,
호랑이 머리에 뿔 생겨 가시덤불 나오네.

　백장선사의 질문은 거친 가시덤불이었다. 정말 칼을 잘 쓰는 사람이 아니라면 그 가시덤불에 상처투성이의 몰골이 되고 말았을 것이다. 하지만 상대는 스승의 솜씨를 꿰뚫고 있는 위산스님이었다. 빈손에 칼자루를 쥐어준 격이니, 바로 호랑이가 머리에 뿔까지 돋은 셈이었다. 그리고는 무시무시한 모습으로 스승에게 덤비니, 천하의 백장선사가 아니었다면 혼비백산하고 말았을 것이다.

신선세계 봄 다해 꽃 시들어 쇠잔하나,
산호나무 숲에는 해가 밝고도 밝구나.

　목구멍과 입술을 놀려 가장 아름다운 세계를 만들면 무엇이 될까? 신선들이나 사는 이상향인 십주일 것이다. 봄날 화려한 꽃 가득한 이상을 그리던 사람들에게 백장선사와 위산 스님은 순식간에 그 꽃을 지게 하고 말았다. 그러면 무엇이 남을까? 꿈을 깬 사람은 무엇을 볼까? 무릉도원을 찾아 이 산등성이와 저 골짝을 헤매지 말라. 괜스레 신은 닳고 옷만 해진다. 눈앞에는 언제나 빛나는 세상이다. 하지만 백장선사 와 위산스님은 그 빛나는 세상에서도 모습을 감추었다.

적멸에 드신 부처님과 악몽에서 벗어나지 못하는 제자들

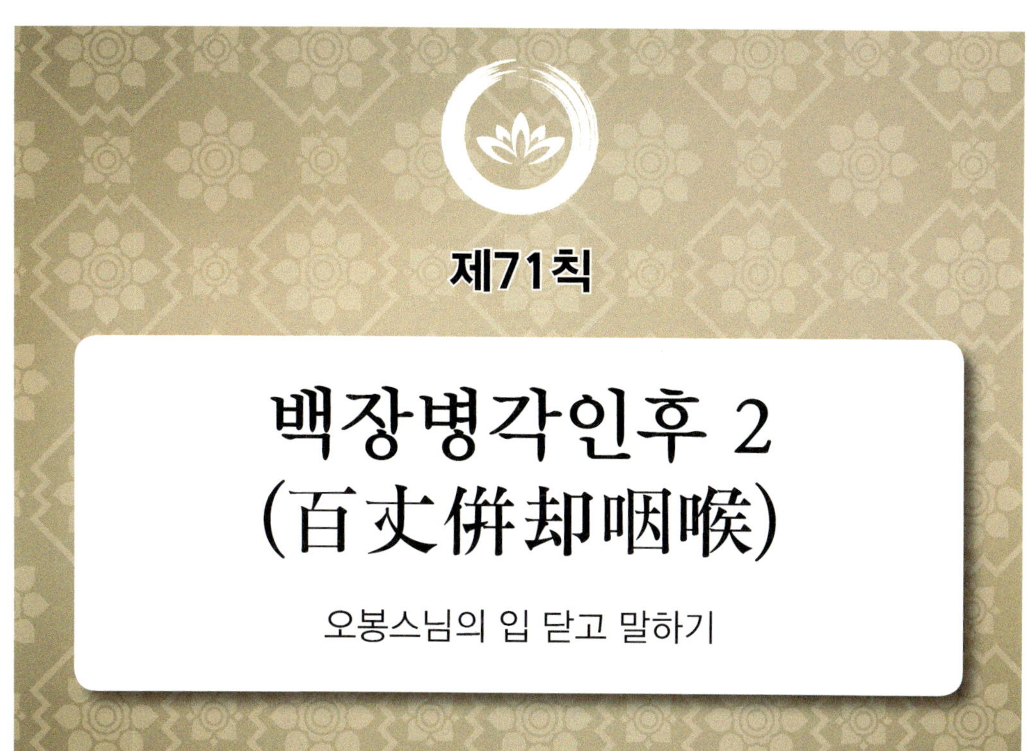

제71칙

백장병각인후 2
(百丈倂却咽喉)

오봉스님의 입 닫고 말하기

松江

설두스님께서 선택한 일흔한 번째 애기는 백장선사와 제자 오봉선사와의 대화이다.

오봉 상관(五峰常觀, 생몰연대 미상)선사는 백장(百丈)선사의 법제자로 당대(唐代)의 선승(禪僧)이다. 강서성 균주(筠州)에 있는 오봉선원(五峰禪院)에 주석하며 후학을 지도하였다. 지금의 이 대화로 널리 알려져 있는 스님이다.

擧 百丈復問五峰호대 併却咽喉唇吻하
거 백장부문오봉　　병각인후순문

고 作麼生道오 峰云 和尙也須併却이니
자마생도　봉운 화상야수병각

이다 丈云 無人處斫額望汝하리라
장운 무인처작액망여

작액(斫額) 손차양을 하다. 이마에 손을 올려 햇빛을 가리고 멀리 바라보는 것.

이런 얘기가 있다[擧].

백장선사께서[百丈] 다시[復] 오봉스님에게[五峰] 물었다[問].

"목구멍과[咽喉] 입술을[脣吻] 사용하지 않고[倂却] 어떻게[作麼生] 말하겠느냐[道]?"

오봉스님이[峰] 말하였다[云].

"스님께서도[和尙] 또한[也] 반드시[須] 목도 입도 쓰지 않으셔야 합니다[倂却]."

백장선사께서[丈] 말씀하셨다[云].

"아무도 없는 곳에서[無人處] 이마에 손을 얹고[斫額] 너를[汝] 바라보리라[望]."

멋지다, 오봉선사시여! "지금 스승님께서 언어를 넘어선 경지를 말해보라고 하시지만, 그러려면 스승님부터 입 다무시지요." 누가 과연 위대한 스승 앞에서 이렇게 일갈할 수 있겠는가.

그런데 이 백장 노인네의 말씀이 괴이하다. 우선 아무도 없는 곳은 무엇인가? 아무도 없는 곳인데 어찌 바라볼 대상이 있겠는가? 그러나 백장 노인네는 "아무도 없는 곳에서 이마에 손을 얹고 너를 바라보리라."고 하셨다. 아직 멀었다는 것인가, 아니면 눈부시게 뛰어나다는 것인가. 이 노인네의 의미심장한 농담을 파악할 수 있어야 비로소 노인네의 함정에서 벗어날 수 있을 것이다.

고구려 벽화의 삼족오(三足烏)
다리가 셋이니 뛰어난 놈인가 장애를 가진 놈인가

和尚也併却이여
화 상 야 병 각

龍蛇陳上看謀略이라
용 사 진 상 간 모 략

令人長憶李將軍하니
영 인 장 억 이 장 군

萬里天邊飛一鶚이로다
만 리 천 변 비 일 악

용사진(龍蛇陳) 마치 용이나 뱀이 움직이듯이 적에 대응하는 진법. 머리를 공격당하면 꼬리가 와서 공격하고 꼬리를 공격당하면 머리가 와서 공격하며, 중간이 공격당하면 머리와 꼬리가 와서 협공을 함. 즉 어느 곳을 공격당해도 적절히 대응할 수 있는 지모를 갖춘 진법임.

이장군(李將軍) 한(漢)나라 때의 이광(李廣) 장군. 적에게 체포되었으나 오히려 적의 말을 빼앗아 타고 돌아왔고, 적들도 그를 두려워하고 칭송하여 비기장군(飛騎將軍)이라 불렀음.

스님께서도 입 다물고 말씀해 보시지요[和尙也倂却],

용사진[龍蛇陳] 위에서[上] 멋진 전략을[謀略] 봄이로다[看].

사람들이[人] 길이[長] 이장군을[李將軍] 생각하게[憶] 하니[令],

만 리[萬里] 하늘가에[天邊] 물수리 한 마리[一鶚] 나는구나[飛].

松江

스님께서도 입 다물고 말씀해 보시지요,
용사진 위에서 멋진 전략을 봄이로다.

입을 다물고 말을 해 보라는 백장선사의 질문은 어떤 공격에도 대응할 수 있는 용사진(龍蛇陳)과도 같은 것이었다. 섣불리 잘못 덤볐다가는 아주 크게 혼이 날 것이다.

오봉(五峰)스님은 그 스승에 그 제자라는 말이 아주 잘 어울리는 스님이다. 스승이 뽑아든 칼을 재빨리 **빼앗아** 바로 스승을 겨누었다. 물론 거기에 당할 백장 노인네는 아니다. 하지만 제자 오봉스님에게는 능히 스승이 펼치는 용사진의 전략을 꿰뚫어 보는 안목이 있었던 것이다.

사람들이 길이 이장군을 생각하게 하니,
만 리 하늘가에 물수리 한 마리 나는구나.

백장스님은 어떤 사람도 능히 사로잡는 솜씨를 지니셨다.

그러나 비록 사로잡는다고 해도 사람에 따라서 그 결과는 전혀 달라진다. 적진 깊이 들어갔다가 사로잡혔지만 지혜로 적의 말을 빼앗아 탈출한 이광 장군처럼, 백장스님의 질문에 당황할 만도 하련만 오봉스님은 백장스님의 말을 빼앗아 타고 유유히 탈출해 버린다.

이 두 선사들을 보면 아름다운 그림이 그려진다. 백장스님은 마치 아득한 하늘 같다. 그런데 그 아득한 하늘을 보고 어쩔 줄 모르는 잡스런 새들과는 달리, 오히려 그 아득함을 즐기는 용맹스럽고 자유자재한 물수리가 있었다. 공부한 사람이라면 적어도 이 정도는 되어야 한다.

거침없이 하늘을 나는 이 갈매기에게
어떤 두려움이나 주저함이 있는가

 **松江**

설두스님께서 선택한 일흔두 번째 얘기는 백장선사와 제자 운암스님과의 대화이다.

운암 담성(雲巖曇晟, 782~841)스님은 당대(唐代)의 선승이다. 강서성 종릉(鐘陵) 남성현(南城縣) 건창(建昌) 출신으로 어려서 출가하였다. 백장선사의 시자로 20년을 모시면서 공부했지만 깨닫지를 못했다. 그 후 도오(道吾)스님과 함께 약산의(藥山) 유엄(惟儼)선사를 찾았다.

약산 백장스님 밑에서 무슨 일을 했는가?

운암 투철하게 생사를 벗어나는 일을 했습니다.

약산 투철하게 벗어났는가?

운암 저에게는 생사가 없습니다.

약산 백장스님 밑에서 20년 동안 공부를 하고서도 번뇌에서 벗어나지를 못했구나.

약산스님에게서 떠나 남전선사를 찾았지만 역시 깨닫지를 못하자, 다시 약산스님 아래에서 열심히 정진하여 깨달음을 인정받았다.

이후에 호남성 담주(潭州)의 운암산(雲巖山)에 머물면서 후학들을 지도하였다. 법호는 바로 이 산의 이름에서 비롯된 것이다.

조동종의 개조인 동산 양개(洞山良价)선사가 바로 운암선사의 법제자이다.

擧 百丈又問雲巖호대 倂却咽喉唇吻하
거 백장우문운암　　　병각인후순문

고 作麽生道오 巖云 和尙有也未아 丈
자마생도　　암운　화상유야미　　장

云 喪我兒孫이로다
운 상아아손

이런 얘기가 있다[擧].

백장선사께서[百丈] 또[又] 운암스님에게[雲巖] 물었다[問].

"목구멍과[咽喉] 입술을[脣吻] 사용하지 않고[併却] 어떻게[作麼生] 말하겠느냐[道]?"

운암스님이[巖] 말하였다[云].

"스님께서는[和尙] 그러실 수 있겠습니까[有也未]?"

백장선사께서[丈] 말씀하셨다[云].

"내[我] 제자를[兒孫] 잃었구나[喪]."

 **松江**

백장선사께서는 세 번째로 함께 있는 담성스님에게도 똑같은 질문을 던졌다. "입을 사용하지 않고 말할 수 있겠느냐?" 앞에서 두 사형의 명쾌한 답을 들었지만, 담성스님은 그저 평범한 답을 하고 있다.

"스님께서는 그러실 수 있습니까?"

천하의 보검을 아이에게 주면 장난질이나 할 것이고, 요리하는 사람에게 주면 식재료나 자를 것이며, 나무하는 사람에게 주면 땔나무 장만하는 데 사용할 것이다. 그러니 천하의 대장군이 아니라면 주어봤자 아무 영험이 없다.

노선사의 한탄이 무엇을 가리키는가.

"내 제자를 잃었구나."

노선사의 한탄처럼, 결국 담성스님은 백장선사의 법제자가 되지는 못하였다.

부처님 법이 해인사 법보전에 있다고 하지 말라
그렇다고 없다는 말은 더욱 재미없다
해인사 법보전(장경각)

和尚有也未아
화 상 유 야 미

金毛獅子不踞地로다
금 모 사 자 불 거 지

兩兩三三舊路行하니
양 양 삼 삼 구 로 행

大雄山下空彈指로다
대 웅 산 하 공 탄 지

금모사자(金毛獅子) 금빛 털의 사자. 대개 부처님을 뜻함.

대웅산(大雄山) 백장선사가 머무셨던 백장산(百丈山)의 다른 이름.

탄지(彈指) 손가락을 튕김. 경책의 행위.

스님께서는 입 다물고 말할 수 있습니까?[和尙
有也未]
금빛 사자가[金毛獅子] 땅에[地] 웅크리지[踞]
않았구나[不].
둘씩[兩兩] 셋씩[三三] 옛길로[舊路] 가나니
[行],
대웅산 아래서[大雄山下] 부질없이[空] 손가락
만 튕겼네[彈指].

스님께서는 입 다물고 말할 수 있습니까?
금빛 사자가 땅에 웅크리지 않았구나.

스승인 백장선사께서 "입을 다물고 말할 수 있겠느냐?"라고 큰 기회를 주셨는데, 운암스님은 "스님께서는 그러실 수 있습니까?"라고 그저 평범한 답을 하고 말았다. 이건 누구라도 할 수 있는 되물음이다. 아무리 뛰어난 사자라도 준비가 되지 않은 상태에서는 토끼 한 마리도 잡을 수 없는 법이다. 운암스님이 비록 뛰어난 인재이긴 하지만, 아직은 준비가 되어 있지 않았으니 어쩌겠는가.

둘씩 셋씩 옛길로 가나니,
대웅산 아래서 부질없이 손가락만 튕겼네.

대개 공부한다는 이들이 부처님의 말씀을 앵무새처럼 되풀이하거나 옛 선지식의 언행을 흉내 내기에 급급하다. 그 말이나 행위만을 보자면 잘못된 것이 없지만, 그러나 말하는 이는 그 말이 가리키는 곳을 보지 못하고, 그 행위의 궁극을 모르고 있으니 딱한 노릇이다.

운암스님의 말만 보면 잘못된 것이 없으나, 백장선사께서 가리켜 보인 곳에는 전혀 미치지 못했으니, 백장스님의 노력은 부질없는 것이 되고 말았다.

보드가야의 대탑 통로에서 오체투지하는 티벳스님
훌륭하지만 부처를 만나지 못했다면 통행에 방해만 된 것이다

松江

설두스님께서 선택한 일흔세 번째 얘기는 마조(馬祖)선사와 지장(智藏)스님, 백장(百丈)스님 및 어떤 스님의 대화이다.

마조(馬祖, 709~788)선사는 도일(道一)스님이다. 육조 혜능대사의 수제자라고 일컬어지는 남악회양(南岳懷讓)선사의 법을 이었다. 특이하게도 속성인 마(馬)씨에다 조사(祖師)라는 칭호를 붙였다. 백장(百丈)선사, 남전(南泉)선사, 지장(智藏)선사, 대매(大梅)선사 등이 모두 제자이다. 혜능-마조-백장-황벽-임제로 이어지는 계보가 워낙 걸출하여 임제종을 이루게 되고, 중국 선종 하면 바로 임제종을 떠올릴 만큼 수많은 선승을 배출하였다. '기와를 갈아 거울을 만들려 한다는 일화'는 수행 중인 마조스님을 깨닫게 하기 위한 남악 회양선사의 자비에서 비롯된 것이었다. '평상심이 곧 도이다[평상심시도(平常心是道)]'는 것은 마조선사의 법문 중 가장 많이 알려진 것이라고 할 수 있다. 흔히 '마조록(馬祖錄)'이라고 일컬어지는 『어록(語錄)』 1권이 있다.

백장선사(百丈禪師, 749~814)는 마조 도일선사(馬祖道一禪師)의 법제자인 회해(懷海)선사를 가리킨다. 회해선사에게 귀의한 사람들이 강서성(江西省) 홍주(洪州)의 대웅산(大雄山)에 대지성수선사(大智聖壽禪寺)를 세워드리니, 그곳에서 후학을 지도하였다. 대웅산은 높고 험준하여 일명 백장산(百丈山)으로 불리기도 했는데, 그 이름을 따서 백장선사라고 존칭되었다. 회해선사는 이곳에서 선원의 자세한 규칙을 제정하여 시행하였는데, 그것이 유명한 백장청규(百丈

淸規)이다. 선사는 말년에도 계속 대중과 함께 작업을 하였
는데, 좀 쉬게 해 드리려고 농기구를 감췄더니 그날 공양을
드시지 않았다. 바로 유명한 '하루 일하지 않으면 하루 먹지
않는다.'는 일일부작 일일불식(一日不作一日不食)을 몸소
보여준 것이다. 선사의 제자로서는 중국 선종에 우뚝한 위산
영우(潙山靈祐)선사와 황벽 희운(黃檗希運)선사 등이 있다.

서당 지장(西堂智藏, 735년~814년)선사는 당(唐)의 선
승으로 마조(馬祖)선사의 법제자이다. 강서성(江西省) 건화
(虔化) 출신으로 8세에 출가하여 25세에 구족계(具足戒)를
받고, 마조선사의 지도를 받고 깨달아 법제자가 되었다. 뒷
날 고향인 강서성 건주(虔州) 서당선원(西堂禪院)에 머물면
서 많은 후학을 지도하였다. 법제자 중에는 신라승(新羅僧)
계림 도의(鷄林道義)선사, 본여(本如)선사, 홍척(洪陟)선사,
혜철(慧徹)선사 등이 있다. 그중에 도의선사는 귀국한 뒤 가
지산문(迦智山門)의 개조(開祖)가 되었고, 홍척선사는 실상
산문(實相山門)의 개조(開祖)가 되었다. 입적 후 목종(穆宗)
이 대각선사(大覺禪師)란 시호를 내렸다.

垂示

夫說法者는 無說無示요 其聽法者는
부설법자 무설무시 기청법자

無聞無得이라 說旣無說無示나 爭如不
무문무득 설기무설무시 쟁여불

說이며 聽旣無聞無得나 爭如不聽이리요
설 청기무문무득 쟁여불청

而無說又無聽이면 却較些子라 只如今
이무설우무청 각교사자 지여금

諸人이 聽山僧在這裏說하니 作麼生免
제인 청산승재저리설 자마생면

得此過오 具透關眼者는 試擧看하라
득차과 구투관안자 시거간

교사자(較些子) 부족한 대로 봐줄 만하다.

산승(山僧) 큰스님들이 자신을 가리킬 때 겸손하게 표현하는 말.

대저[夫] 법을 설하는 사람은[說法者] 말함도 [說] 없고[無] 보임도[示] 없으며[無], 그[其] 법을 듣는 사람은[聽法者] 들음도[聞] 없고[無] 얻음도[得] 없다[無]. 법을 설함에[說] 이미[旣] 설함도[說] 없고[無] 보임도[示] 없으나[無] 어찌[爭] 설법하지 않은 것과[不說] 같겠으며 [如], 설법을 들음에[聽] 이미[旣] 들음도[聞] 없고[無] 얻음도[得] 없으나[無] 어찌[爭] 듣지 않음과[不聽] 같겠는가[如]. 그래서[而] 설함도 [說] 없고[無] 또[又] 들음도[聽] 없다면[無] 부족한 대로 봐줄 만하다[却較些子].

다만[只] 지금[如今] 그대들은[諸人] 내가[山僧] 이 자리에서 설하는 것을[在這裏說] 듣나니[聽], 어떻게 하면[作麼生] 이[此] 허물을[過] 면할 수 있을까[免得]? 공안을[關] 뚫을[透] 안목을[眼] 갖춘[具] 사람이라면[者] 본칙을 살펴보라[試擧看].

 **松江**

참다운 법문은 개인의 의도가 없어야 하는 것이며, 억지로 무엇을 보여주려 해서는 안 된다. 또한 설법을 듣는다는 것은 자기의 분별로 재어봄이 없어야 하며, 정해진 경지를 얻겠다는 관념마저도 없어야 하는 것이다. 그렇지만 이것은 설법을 하지 않는 것과 다르며, 설법을 듣지 않는 것과도 분명히 다른 것이다.

만약 이렇게 설법하고 이렇게 설법을 듣는 경지라면 그럴 듯하다고 인정할 수 있겠다.

자 설법을 들으면서 무언가를 찾겠다고 구하겠다고 이리저리 재고 있다면 그 허물을 어떻게 할 것인가? 화두가 가리키는 것을 곧바로 볼 수 있는 안목을 지녔는가? 그렇다면 다음의 본칙을 볼 자격이 있겠다.

스승님 한산당 화엄대선사님은 있는 그대로를 보여주셨다

擧 僧問馬大師호대 離四句絶百非하고
거 승문마대사 이사구절백비

請師直指某甲西來意하소서 馬師云 我
청사직지모갑서래의 마사운 아

今日勞倦하야 不能爲汝說이니 問取智
금일노권 불능위여설 문취지

藏去하라 僧問智藏하니 藏云 何不問和
장거 승문지장 장운 하불문화

尙고 僧云 和尙敎來問이니다 藏云 我今
상 승운 화상교래문 장운 아금

日頭痛이라 不能爲汝說이니 問取海兄
일두통 불능위여설 문취해형

去하라 僧問海兄하니 海云 我到這裏卻
거 승문해형 해운 아도저리각

不會로다 僧擧似馬大師하니 馬師云
불회 승거사마대사 마사운

藏頭白海頭黑이니라
장 두 백 해 두 흑

사구백비(四句百非) 불교에서 온갖 이론이나 논설을 규명하는 방식.

- 사구(四句) : 불교에서 모든 현상을 판별하는 네 가지 형식. 곧, 제1구 긍정(有), 제2구 부정(無), 제3구 긍정이면서 부정(亦有亦無), 제4구 긍정도 아니고 부정도 아님(非有非無). 유(有)와 무(無)의 자리에 시(是)와 비(非), 일(一)과 이(異), 상(常)과 무상(無常), 자(自)와 타(他) 등을 놓아도 됨.

- 백비(百非) : 유(有)와 무(無) 등의 모든 개념 하나하나에 비(非)를 붙여 그것을 부정하는 것. 관념적인 모든 것을 부정해 버림. 사구의 낱낱이 다른 셋을 포용하므로 4×4=16, 16×3(과거·현재·미래)=48. 48×2(일어난 것·일어나지 않은 것)=96, 96+4(사구)=100

해형(海兄) 회해사형(懷海師兄)의 줄임말.

장두백해두흑(藏頭白海頭黑) 지장의 머리는 희고 회해의 머리는 검다. 지장의 솜씨가 뛰어나긴 하지만 회해는 그보다 더하다. 옛 고사(故事)를 인용해서 한 말.

- 옛날 민(閩)이라는 곳에 후백(侯白)과 후흑(侯黑)이라는 두 산적이 있었다. 어느 날 후흑이 어떤 여인과 우물가에서 근심스런 얼굴로 서 있는 것을 보고 후백이 무슨 일이냐고 물었다. 후백은 깊은 우물 속에 여인의 귀걸이가 빠졌는데, 자기는 물을 무서워해서 도울 방법이 없다고 했다. 그러면서 후백에게 귀걸이를 건져오면 여인이 귀걸이의 반값을 지불한다고 했다는 말을 했다. 후백은 귀걸이를 찾아도 찾지 못했다고 하며 자신이 갖기로 꾀를 내었다. 우물

가에 옷과 소지품을 두고 우물 속에 들어갔으나 귀걸이가 없었다. 허탕을 치고 우물 위로 올라와 보니 후백과 여인이 소지품을 가지고 사라지고 없었다. 그때에야 속은 줄 알고 '아조후백(我早侯白) 이갱후흑(伊更侯黑)' '내 솜씨가 좋은 줄 알았더니, 저놈(후흑)이 더하구나!' 했다고 한다.

본칙

이런 얘기가 있다[擧]. 어떤 스님이[僧] 마조대사께[馬大師] 여쭈었다[問].

"사구를[四句] 여의고[離] 백비를[百非] 떠나[絶] 큰스님께서[師] 제게[某甲] 달마조사께서 서쪽에서 오신 뜻을[西來意] 곧바로 가르쳐[直指] 주옵소서[請]."

마조대사께서[馬師] 말씀하셨다[云].

"내가[我] 오늘[今日] 많이 피곤하여[勞倦] 자네에게[爲汝] 말해 줄 수 없으니[不能~說] 지장에게[智藏] 물어보게나[問取~去]."

그 스님이[僧] 지장스님에게[智藏] 물으니[問], 지장스님이[藏] 말했다[云].

"어째서[何] 큰스님께[和尙] 여쭙지[問] 않는가[不]?"

그 스님이[僧] 말했다[云].

“큰스님께서[和尙] 스님께 와서[來] 물어보라고 [問] 하셨습니다[敎].”

지장스님이[藏] 말하였다[云].

“내가[我] 오늘[今日] 머리가[頭] 아파서[痛] 스님에게[爲汝] 말해 줄 수 없으니[不能~說] 회해사형께[海兄] 물어보게나[問取~去].”

그 스님이[僧] 회해스님에게[海兄] 물으니[問] 회해스님이[海] 말했다[云].

“나는[我] 그것에[這裏] 대해[到] 도저히[卻] 모르겠다[不會].”

그 스님이[僧] 마조대사께[馬大師] 그 얘기를 전하니[擧似], 마조대사께서[馬師] 말씀하셨다[云].

“지장의[藏] 머리는[頭] 희고[白], 회해의[海] 머리는[頭] 검구나[黑].”

松江

세상에는 이런 재미있는 스님들도 있었다. 하긴 원래 공부한 스님들은 재미있다. 이해를 못 하면 썰렁하게 느껴지는 단점이 있기는 하다.

공부하는 스님이 마조 큰스님을 찾아뵙고 어마어마한 질문을 던졌다. 온갖 말과 논리 등을 떠나서 달마대사께서 중국으로 오신 참된 뜻을 가르쳐 달라고 요청을 한 것이다. 그 무거운 것을 어찌 마조선사에게까지 들고 왔을까? 어쨌거나 마조스님은 피곤하다며 일견 피하는 듯이 곧바로 답을 해 주셨다. 요청한 스님을 보니 질문은 거창했는데, 자신이 무슨 질문을 하는지도 모르고 있다. 자신이 사구백비를 떠난 답을 요청했으면서 자신은 사구백비를 좇고 있다. 그는 마조선사의 마음이 아니라 그 말을 따랐다. 그래서 시킨 대로 지장스님을 찾았다.

지장스님은 단박 이상하다는 것을 알았다. 그래서 되물었다. "왜 마조큰스님께 여쭤보지 않는 것인가?" 그 스님의 답을 듣고는 스승의 마음을 읽었다. 그래서 스승과 똑같은 답을 하였다. 두통을 핑계 삼아 사형인 백장 회해스님에게 물어보라고 한 것이다. 그런데 백장스님은 직답을 했다. "나는 그것에 대해 도저히 모르겠다." 정말로 친절하고 시원한 답이었으나 질문한 스님은 여전히 깜깜하다.

한 바퀴를 돌아 다시 마조선사를 찾아뵙고 겪은 일을 말씀드렸다. 마조선사께서는 엉뚱한 말씀을 하시는 듯이 재차 답을 해 주셨다. 하지만 어쩌랴, 깜깜한 것을.

달라이라마 존자님께서 이렇게 몸을 비틀어 나를 보실 때 나는 존자님께
서 하시는 말씀을 다 들었다
2006년 8월 14일 다람살라 남걀사원 법회 시

藏頭白海頭黑이여
장 두 백 해 두 흑

明眼衲僧會不得이로다
명 안 납 승 회 부 득

馬駒踏殺天下人하니
마 구 답 살 천 하 인

臨濟未是白拈賊이라
임 제 미 시 백 념 적

離四句絶百非여
이 사 구 절 백 비

天上人間唯我知로다
천 상 인 간 유 아 지

마구(馬駒) 마조대사의 망아지. 즉 마조대사께서 하신 장두백해두흑(藏頭白海頭黑)의 한 구절.

임제미시백념적(臨濟未是白拈賊) 임제스님은 백주에 남의 물건을 훔치는 뛰어난 도둑이 아니네.

※임제선사가 어느 날 대중에게 말했다. "붉은 고깃덩어리(몸)에 무위진인(無位眞人)이 있어 항상 그대들 얼굴 기관으로 출입한다. 이를 경험하지 못한 자는 잘 살펴보아라."

그때 어떤 스님이 질문을 했다. "어떤 것이 무위진인입니까?"

임제스님이 선상(禪床)에서 내려와 그의 멱살을 잡고 외쳤다. "말해라, 말해!"

그 스님이 아무 말을 못 하자, 임제스님께서 그 스님을 밀쳐버리며 말하였다. "무위진인이 무슨 마른 똥막대기냐."

설봉 의존(雪峰義存)스님이 뒤에 이 얘기를 듣고는 임제스님을 칭찬하여 말하길 임제대사백념적(臨濟大似白拈賊) 즉 "임제스님은 대낮에 남의 물건을 훔치는 뛰어난 도적이다."라고 하였다. 백념적(白拈賊)은 '멀건 대낮에 남의 물건을 훔치는 사람'이라는 뜻. 날강도.

지장의 머리는 희고[藏頭白] 회해의 머리는 검음이여[海頭黑],

눈이 밝은[明眼] 수행승도[衲僧] 깨닫지를[會] 못하네[不得].

마조의 말이[馬駒] 천하의 사람들을[天下人] 밟아 죽이니[踏殺],

임제는[臨濟] 뛰어난 도적이라[白拈賊] 할 수가 없구나[未是].

사구를[四句] 여의고[離] 백비를[百非] 떠남이여[絶],

천상과[天上] 인간에서[人間] 오직[唯] 나만[我] 안다네[知].

松江

지장의 머리는 희고 회해의 머리는 검음이여,
눈이 밝은 수행승도 깨닫지를 못하네.

마조선사께서 점검한 후 마지막으로 하신 말씀의 참뜻을
누가 쉽게 알아보겠는가. 이리저리 머리 굴려 해석하느라 바
쁠 뿐이라네.

마조의 말이 천하의 사람들을 밟아 죽이니,
임제는 뛰어난 도적이라 할 수가 없구나.

마조스님의 한마디가 천하의 모든 사람들의 마음을 빼앗
았으니, 이야말로 날강도 중에 날강도이다. 그러므로 임제스
님이 후학을 지도한 방법이 탁월하다고는 하지만, 마조선사
의 이 솜씨에 비하면 아직 멀었다.

사구를 여의고 백비를 떠남이여,
천상과 인간에서 오직 나만 안다네.

모든 언설과 논리를 떠나서 한마디 할 사람이 누구란 말인가. 모두가 엉뚱하게도 사구백비를 좇느라 바쁘구나. 정말로 주인공 자리에 서기 전에는 누가 감히 안다고 하겠는가.

이 부도들의 주인과 문답을 나눌 수 있다면 능히 마조대사를 알리라
범어사 역대 고승들의 사리를 모신 부도전

松江

설두스님께서 선택한 일흔네 번째 얘기는 금우(金牛)화상
의 언행에 설두스님의 촌평 및 장경선사의 평으로 되어 있다.

금우화상은 생몰연대가 밝혀져 있지 않다. 당대(唐代)
의 스님으로 진주(鎭州) 출신이며 마조 도일(馬祖道一,
709~788)선사의 법제자이다.

장경 혜릉(長慶慧稜, 854~932)선사는 당말(唐末)의 선승
이다. 절강성 항주 염관(鹽官) 출신으로 13세에 강소성 소주

통현사(通玄寺)에 출가하였다. 설봉 의존(雪峰義存)선사의 법제자이다. 천우(天祐) 3년(906) 복건성 천주자사(泉州刺史) 왕정빈(王廷彬)의 초청으로 초경원(招慶院)에 머물고, 이어 복건성의 장경원(長慶院)에 주석하였다. 초각(超覺)대사라는 호를 받았다.

鎮鎁를 橫按하야 鋒前에 斮斷葛藤窠하며
막야 횡안 봉전 전단갈등과

明鏡을 高懸하야 句中에 引出毘盧印이라
명경 고현 구중 인출비로인

田地穩密處에 着衣喫飯하나니 神通遊
전지온밀처 착의끽반 신통유

戱를 如何湊泊고 還委悉麽아 看取下
희 여하주박 환위실마 간취하

文하라
문

막야(鏌鋣) 막야는 춘추시대 오(吳)나라 왕 합려(闔廬)가 가졌던 보검의 이름. 합려가 당시 최고의 장인인 간장(干將)에게 칼을 만들게 했는데, 재료가 하나로 합금이 되질 않자 간장의 아내인 막야가 걱정이 되어서 왜 그러냐고 물었다. 간장이 '우리 스승 구야자(歐冶子)의 말씀이 재료가 녹지 않을 때는 여자를 풀무 속에 넣으면 된다 하더라. 그런데 그럴 수 없으니 걱정이지.' 하니, 막야가 그 말을 듣자 풀무 속으로 뛰어 들어갔다. 그리하여 칼 두 자루를 만들었는데, 하나는 이름을 '간장'이라 하고 다른 하나는 '막야'라 했다고 한다.

횡안(橫按) 종횡으로(橫) 제압함(按). 종횡으로 자유자재하게 다룸.

신통유희(神通遊戲) 어떠한 것에도 걸림이 없는 자유자재한 생활.

위실(委悉) 어떤 뜻이나 일을 자세하고 완전하게 앎. 보통은 회득(會得)으로 표현함.

보검인 막야를[鏌鎁] 종횡으로 자유자재하게 다루니[橫按] 칼날 앞에[鋒前] 언어 갈등의[葛藤] 둥지를[窠] 잘라버리고[翦斷], 밝은 거울을[明鏡] 높이 걸어[高懸] 글귀 속에서[句中] 비로자나불의[毘盧] 마음 도장을[印] 이끌어낸다[引出].

마음 밭[田地] 평온하고 비밀한[穩密] 경지에서[處] 옷을 입고[着衣] 밥을 먹나니[喫飯], 걸림없는 자유자재한 경지에[神通遊戲] 어찌[如何]가 닿을까[湊泊]?

곧바로[還] 알 수 있겠는가[委悉麽]? 아래 얘기를[下文] 살펴보라[看取].

 **松江**

모든 것 잘라버리는 막야 보검 같은 지혜를 자유자재하게 쓰는 사람은 모든 번뇌 망상을 단번에 잘라버리고, 분별 떠난 밝은 마음은 너무나 고귀하기에 어떤 난해한 글귀라 하더라 도 청정법신을 드러나게 한다.

범부로서는 짐작도 할 수 없는 평온하고 비밀스러운 마음 의 경지에서 일상생활을 자유자재로 하나니, 깨달은 이들의 자유자재한 신통묘용(神通妙用)의 경지를 제 깜냥대로 생각 하고 행동하는 범부들이 짐작이나 할 수 있을까?

스스로 집착을 버리기만 한다면,
누구나 스스로 신통력을 발휘하며 산다

本則

擧 金牛和尚이 每至齋時에 自將飯桶
거 금우화상　매지재시　자장반통

하야 於僧堂前作舞하며 呵呵大笑云 菩
어 승 당 전 작 무　가 가 대 소 운 보

薩子야 喫飯來하라하니라 雪竇云 雖然如
살 자　끽 반 래　설 두 운 수 연 여

此나 金牛不是好心이로다 僧問長慶호대
차　금 우 불 시 호 심　승 문 장 경

古人道 菩薩子야 喫飯來하라하니 意旨
고 인 도　보 살 자　끽 반 래　의 지

如何닛고 慶云 大似因齋慶讚이니라
여 하　경 운 대 사 인 재 경 찬

재(齋) 범어 우파와사타(upavasatha)에서 비롯된 말로 부처님과 제자들의 공양을 의미하는 것이었다. 부처님이 공양 초청에 응하면 공양을 한 뒤에 법문이나 상담을 하셨기에 불공의식을 중심으로 한 법회를 뜻하게 되었다. 여기에서 재시는 문맥상 점심 공양 시간을 뜻한다고 볼 수 있다.

대사(大似) 매우 비슷함. 흡사함.

경찬(慶讚) 불보살(佛菩薩)과 조사(祖師)의 공덕(功德)을 찬탄(讚歎)함.

이런 얘기가 있다[擧]. 금우화상은[金牛和尙]
매일[每] 점심 공양 때가[齋時] 되면[至] 스스
로[自] 밥통을[飯桶] 들고[將] 승당 앞에서[於
僧堂前] 춤을 추면서[作舞] 껄껄 웃으며[呵呵
大笑] 말했다[云]. "보살들이여[菩薩子] 공양하
시오[喫飯來]."

〈여기에 대해 설두스님이 촌평을 하였다[雪竇云].
"비록 그렇긴 하나[雖然如此] 금우스님이[金牛]
좋은 마음으로 그런 것은 아니다[不是好心]."〉

(뒷날) 어떤 스님이[僧] 장경선사께[長慶] 여쭈
었다[問]. "옛사람이(금우)[古人] '보살들이여
[菩薩子] 공양하시오[喫飯來]' 하였는데[道],
어떤 뜻입니까[意旨如何]?"

장경선사께서[慶] 답하셨다[云]. "공양 때에[因
齋] 불보살님을 찬탄하면서 감사히 먹겠습니다
[慶讚].하는 것과 흡사한 것이지[大似]."

　금우화상에 대한 자세한 기록은 전하지 않으나 설봉선사의 법제자라는 사실만으로도 스님의 선기(禪機)를 알 수 있겠다. 이 금우화상은 점심 공양 때가 되면 손수 밥통을 들고 모든 대중이 공양을 하는 승당 앞에서 춤을 추면서 껄껄 웃고는 "보살들이여, 공양하시오."하였다고 전한다.

　부처님께서는 법문을 하시면서 "선남자(善男子) 선여인(善女人)이여!"라고 하셨고, 혜능선사께서는 설법하시면서 "선지식(善知識)이여!"라고 하셨다. 과연 이 말씀을 감당할 만한 사람이 얼마나 되겠는가. 이 뜻을 분명히 안다면, 금우화상의 춤과 말씀을 알 수 있을 것이다.

　하지만 섣부른 판단은 삼가야 한다. 그래서 설두스님께서는 "그렇긴 하지만 결코 단순히 좋은 마음으로 한 것이 아니다."고 촌평을 한 것이다.

　이 일을 가지고 뒷날 어떤 스님이 장경선사께 그 뜻을 여쭈었더니, 아주 평범한 듯 말씀해 주셨다. "공양 때에 부처님 찬탄하며 감사히 먹겠습니다 하는 것과 비슷하지." 이 장경선사야말로 심보가 고약하다. 구덩이를 파 놓고 한꺼번에 장례를 치르겠다는 것이 아니고 무엇인가. 하지만 이런 조치를 취하지 않으면 못된 버르장머리를 고칠 생각도 하질 않으니 어쩌겠는가.

내가 은사스님을 모신 지 꽤 세월이 흐른 뒤에 스승님께서는 이렇게 말씀하셨다.

"자네 밥 먹어도 되겠군!"

큰절의 공양 시간에는 이렇게 차례대로 앉아 여법하게 공양을 한다
그런데 누가 여법할 수 있으며, 누가 자유로울 수 있는가

白雲影裏笑呵呵여
백 운 영 리 소 가 가

兩手持來付與他로다
양 수 지 래 부 여 타

若是金毛獅子子면
약 시 금 모 사 자 자

三千里外見訛訛하리
삼 천 리 외 견 효 와

흰 구름[白雲] 그림자[影] 속에서[裏] 껄껄 웃음이여[笑呵呵],

두 손으로[兩手] 가져다[持來] 저들에게[他] 주는구나[付與].

만약[若] 이에[是] 금빛 털의[金毛] 사자 새끼라면[獅子子],

삼천리 밖에서도[三千里外] 잘못된 것[諕訛] 알아보리라[見].

松江

흰 구름 그림자 속에서 껄껄 웃음이여,

웃음의 출처를 알겠는가? 금우화상의 그림자라도 보았는가?

두 손으로 가져다 저들에게 주는구나.

아직도 여전히 밥을 가져다주었다고 생각한다면, 그야말로 잿밥에 눈이 먼 것이다, 그럼 무엇을 가져와서 주었을까? 글쎄 그게 누가 누구에게 줄 수 있는 것일까?

만약 이에 금빛 털의 사자 새끼라면,

삼천리 밖에서도 잘못된 것 알아보리라.

만약 안목이 있는 사람이라면 금우화상의 이 춤과 공양이 참으로 가공할 만한 속임수임을 단박에 알아차릴 것이다. 금우화상의 밥을 먹는다면 모두 죽는다. 모두가 죽고 난 후에는 금우화상인들 도리가 있겠는가.

포대화상의 포대에는 무엇이 들어 있었던 것일까
포대화상이 사람들에게 주려고 했던 것은 무엇이었을까

松江

　설두스님께서 선택한 일흔다섯 번째 애기는 오구화상(烏臼和尙)과 정주화상(定州和尙) 아래에서 수행을 한 스님의 애기이다. 오구화상(烏臼和尙)은 마조 도일선사의 법제자라는 것 외에는 알려진 것이 없다. 정주화상(定州和尙)은 당대(唐代) 석장화상(石藏和尙, 718~800)인데, 북종선의 신수(神秀)화상의 3대 법손(法孫)으로 숭산(崇山) 보원화상(普願和尙)의 법제자이다.

垂示

靈鋒寶劍_이 常露現前_{하니} 亦能殺人_{이며}
영 봉 보 검　　　상 로 현 전　　　역 능 살 인

亦能活人_{이라} 在彼在此_{하고} 同得同失
역 능 활 인　　　재 피 재 차　　　동 득 동 실

_{이로다} 若要提持_{인댄} 一任提持_요 若要平
약 요 제 지　　　일 임 제 지　　　약 요 평

展_{인댄} 一任平展_{이라} 且道_{하라} 不落賓主
전　　　일 임 평 전　　　차 도　　　불 락 빈 주

_{하고} 不拘回互時如何_오 試擧看_{하라}
불 구 회 호 시 여 하　　　시 거 간

영봉보검(靈鋒寶劍) 신령스러운 보검. 반야의 검. 모든 사람이 본래 갖추고 있는 살활자재(殺活自在)의 능력.

제지(提持) 잡아들임. 파주(把住)와 같은 뜻.

일임(一任) 마음대로

평전(平展) 놓아 버림. 방행(放行)과 같음.

회호(回互) 상대적 견해.

수시

신령스러운[靈鋒] 보검이[寶劍] 항상[常] 눈앞에[現前] 드러나니[露] 때로는 사람을 죽이기도 하고[亦能殺人] 때로는 사람을 살리기도 하며[亦能活人], 저기에 있고[在彼] 여기에 있으며[在此], 같이 얻고[同得] 같이 잃는다[同失].

만약[若] 잡아들이고자[提持] 한다면[要] 마음대로[一任] 잡아들이고[提持], 만약[若] 놓아버리려[平展] 한다면[要] 마음대로[一任] 놓아버린다[平展].

자, 말해보라[且道]. 손과[賓] 주인에[主] 떨어지지[落] 아니하고[不] 상대적인 견해에도[回互] 구속되지 않을[不拘] 때에는[時] 어떠할까[如何]? 본칙을[擧] 보도록[看] 하자[試].

 **松江**

깨달음에 이른 선지식들끼리 만나면 어떠할까? 찰나마다 지혜의 보검을 쓰게 될 것이다. 상대를 돌이킬 수 없는 곳까지 몰아붙이기도 하고, 또한 상대를 극진히 대접하기도 한다. 반야의 검이 저쪽에서 번쩍이다가 어느덧 이쪽에서 번쩍이고 있으며, 어느 때는 산 정상에 서 있다가 어느덧 진펄에서 놀고 있다.

서로 상대를 부정하고자 한다면 완전히 부정해 버리고, 상대를 긍정하려고 한다면 완전히 인정한다.

누가 누구를 지도하고 지도 받는다는 것도 없고, 내 견해와 상대의 견해라는 것도 사라진다면 과연 무슨 일이 일어날까?

수행자들은 차를 마시며 무슨 얘길 할까

本則

擧 僧이 從定州和尙會裏하야 來到烏
거 승 종정주화상회리 내도오

臼하니 烏臼問 定州法道何似這裏오
구 오구문 정주법도하사저리

僧云 不別이니다 臼云 若不別인댄 更轉
승운 불별 구운 약불별 갱전

彼中去하라하고 便打라 僧云 棒頭有眼커
피중거 변타 승운 봉두유안

니 不得草草打人이어다 臼云 今日打着
부득초초타인 구운 금일타착

一箇로다하고 也又打三下하니 僧便出去
일개 야우타삼하 승변출거

어늘 臼云 屈棒元來有人喫在니라 僧轉
구운 굴방원래유인끽재 승전

身云 爭奈杓柄在和尙手裏리오 臼云
신운 쟁나작병재화상수리 구운

汝若要면 山僧이 回與汝하리라 僧이 近
여약요 산승 회여여 승 근

前하야 奪臼手中棒하야 打臼三下하니 臼
전　　　탈구수중봉　　　　타구삼하　　　구

云 屈棒屈棒이로다 僧云 有人喫在니다
운　굴방굴방　　　　　승운　유인끽재

臼云 草草打着箇漢이로다 僧便禮拜하니
구운　초초타착개한　　　　승변예배

臼云 和尙却恁麼去也아 僧大笑而出
구운　화상각임마거야　　　승대소이출

하니 臼云 消得恁麼로다 消得恁麼로다
　　　구운　소득임마　　　　소득임마

초초(草草) 바빠서 대충함. 공연히. 경솔하게.

굴방(屈棒) 억울한 몽둥이질.

끽재(喫在) 당하고 있음, 맞기만 하고 있음.

작병(杓柄) 주걱. 나무로 된 국자 자루. 몽둥이.

소득(消得) 할 수 있다. 소(消)는 '행하다'의 뜻.

이런 얘기가 있다[擧]. 한 스님이[僧] 정주화상의[定州和尙] 회상에서[會裏] 공부하다가[從] 오구화상을[烏臼] 찾아왔다[來到]. 오구화상이[烏臼] 물었다[問]. "정주화상의[定州] 법도는[法道] 이곳과[這裏] 무엇이 같은가[何似]?"

그 스님이 답했다[僧云]. "다르지 않습니다[不別]."

오구화상이 말했다[臼云]. "만약[若] 다르지 않다면[不別] 다시[更] 그곳으로 돌아가거라[轉彼中去]."하고 바로 쳤다[便打].

그 스님이 말했다[僧云]. "몽둥이에도 눈이 있을 것인데[棒頭有眼] 함부로[草草] 사람을 치지[打人] 마십시오[不得]."

오구화상이 말했다[臼云]. "오늘은 한 놈만 팬다[今日打着一箇]." 하면서 또 세 번을 쳤다[也又打三下].

그 스님이 휙 나가자[僧便出去], 오구스님이 말했다[臼云]. "본디[元來] 억울한 몽둥이를[屈棒] 맞기만 하는 놈이 있긴 하지[有人喫在]."

그 스님이 휙 몸을 돌리며 말했다[僧轉身云]. "몽둥이가[杓柄] 화상의 수중에[和尙手裏] 있으니[在] 어쩝니까[爭奈]?"

오구화상이 말했다[臼云]. "만약 네가 필요하다면[汝若要)] 내가[山僧] 너에게 빌려주겠다[回與汝]."

그 스님이[僧] 가까이 다가가[近前] 오구화상 손에 있는[臼手中] 몽둥이를[棒] 뺏어서[奪] 오구화상을[臼] 세 번[三下] 때렸다[打].

오구화상이 말했다[臼云]. "억울한 매로다[屈棒], 억울한 매야[屈棒]."

그 스님이 말했다[僧云]. "어떤 사람이[有人] 억울하게 맞았습니다[喫在]."

오구화상이 말했다[臼云]. "함부로[草草] 치는 친구로군[打着箇漢]!"

그 스님이 곧바로 절을 하자[僧便禮拜], 오구화상이 말했다[臼云]. "화상은[和尙] 도리어 이렇게 하는군[却恁麼去也]!"

그 스님이[僧] 껄껄 웃고 나가자[大笑而出], 오구화상이 말했다[臼云]. "이럴 수 있다니[消得恁麼], 이럴 수 있다니[消得恁麼]!"

松江

　한 편의 멋진 즉흥극이 벌어졌다. 이 구경을 하지 못했다면 억울했을 것이다.

　정주화상의 제자가 오구화상을 찾아오자, 오구화상이 물었다.

　"정주화상의 법도와 나의 법도가 같은가 다른가?"

　그러자 그 스님이 "다르지 않다"고 답했다. 어쩌면 대화는 여기에서 그쳤을 수도 있었다. 그러나 오구화상은 평범한 분이 아니었다. 다르지 않다면 왜 쓸데없이 여길 왔느냐며 몽둥이로 후려쳤다. 그러자 그 스님이 역습을 가했다.

　"화상은 안목도 없습니까? 아무나 함부로 패게!"

　하지만 오구화상은 여기서 멈추지를 않았다. 모처럼 상대가 되는 이를 만나면 누구라도 오구화상처럼 할 것이다.

　"아무나 함부로 패다니. 나는 오늘 맞을 놈을 패는 거지."

　그러면서 계속 몽둥이질을 해댔다.

　그 스님이 얼른 몸을 피해 나가자, 오구화상이 염장을 질렀다.

"본디 이유 없이 매를 맞고도 어쩌지를 못하는 놈들이 있지."

그러자 그 스님이 휙 몸을 돌리며 퉁명스럽게 말했다.

"화상이 몽둥이를 가졌으니 어쩝니까?"

오구화상이 다시 염장을 질렀다.

"몽둥이를 주면 나를 때릴 수나 있겠느냐?"

그러자 그 스님은 곧바로 몽둥이를 뺏어서 오구화상을 세 번이나 때렸다. 매를 맞은 오구화상이 엄살을 부렸다.

"괜스레 맞는군, 괜스레 맞아!"

그 스님이 말했다.

"누군가 억울하게 맞았지요."

이 말을 들은 오구화상이 말했다.

"이 친구 참 함부로 사람을 치는군!"

그러자 그 스님이 얼른 큰 절을 올렸다. 이 절의 의미가 무엇일까? 참회하는 것인가? 만약 참회의 행위라면 항복의 백기를 든 셈인데, 그럴 것 같으면 몽둥이를 뺏어서 치지도 않았을 것이다. 오구화상이 절을 하는 스님에게 말했다.

"자네 이렇게도 할 줄 아는군!"

그 스님이 껄껄 웃으며 나가자, 등 뒤에 대고 말했다.

"이런 친구 봤나, 이런 친구라니!"

자! 구경한 값을 단단히 치러야 할 것이다.

한 번의 문답에 목숨을 걸어 보았는가.
한국 강원 논강에 해당하는 티벳스님들의 체니[세라사원]

呼卽易나 遣卽難이니
호 즉 이　견 즉 난

互換機鋒子細看하라
호 환 기 봉 자 세 간

劫石固來猶可壞며
겁 석 고 래 유 가 괴

滄溟深處立須乾이라
창 명 심 처 립 수 건

烏臼老 烏臼老여
오 구 로　오 구 로

幾何般고
기 하 반

與他杓柄太無端이로다
여 타 표 병 태 무 단

기봉(機鋒) 창이나 칼의 날카로운 끝. 번뜩이는 솜씨.

겁석(劫石) 반석겁(磐石劫) 또는 불석겁(拂石劫)의 비유에 나오는 바위. 가로 세로 높이가 40리 되는 바위를 100년에 한 번씩 부드러운 옷깃으로 스쳐 닳아 없어지는 세월을 1겁으로 계산하는 법.

창명(滄溟) 창해(滄海). 큰 바다.

심처립(深處立) 깊다고 하더라도. 立은 '존재하다'의 뜻.

기하반(幾何般) 몇 번이나(幾何) 그렇게 했던고(般). 般은 행동하다 나아가다.

무단(無端) 무모함. 함부로 행동함. 무단(無斷)과 같은 뜻.

부르기는 쉬워도[呼卽易] 보내기는 어려우니
[遣卽難],

번뜩이는 솜씨[機鋒] 서로 주고받음[互換] 자세
히 보라[子細看]. 엄청난 바위가[劫石] 단단해
도[固來] 오히려 부서지고[猶可壞],

푸른 바다가[滄溟] 깊다 하여도[深處立] 반드시
마른다네[須乾].

오구 노인네여[烏臼老] 오구 노인네여[烏臼
老]!

몇 번이나 그렇게 했던고[幾何般]?

몽둥이를[杓柄] 상대에게 준 것은[與他] 참[太]
무모했네[無端].

 **松江**

부르기는 쉬워도 보내기는 어려우니,

잡아들이는 것이야 솜씨 좋으면 할 수 있지만, 놓아 보내기는 그리 만만치 않다. 어째서일까? 그건 죽이는 일은 쉽지만 살리는 일은 어려운 이치와 같다.

번뜩이는 솜씨 서로 주고받음 자세히 보라.

오구화상이야 그렇다고 쳐도 이름도 밝히지 않은 이 스님의 솜씨는 또 어떤가. 굽히지 않음, 당당함, 주어진 기회를 활용하는 솜씨까지 참으로 완벽하지 않은가. 어디 그뿐이랴. 다가서고 물러남이 참으로 여법하지 않은가. 물론 그렇게 할 수 있도록 기회를 준 오구 노인네의 솜씨 덕분이긴 하겠지만.

엄청난 바위가 단단해도 오히려 부서지고,

푸른 바다가 깊다 하여도 반드시 마른다네.

형상 있는 것이야 아무리 어마어마해도 반드시 끝이 있게 마련이다. 그러나 끝이 없는 것이 있으니, 그것은 모양을 떠난 것이다. 두 스님의 자유자재한 솜씨는 반석(磐石) 같은 상(相)도 부수어버리고, 바닷물 같은 망상도 순식간에 말려 버린다.

오구 노인네여 오구 노인네여! 몇 번이나 그렇게 했던고?
오구화상은 참 독특했다. 이렇게 적극적으로 상대를 잡아들이고 놓아주고를 할 수 있다니, 참으로 놀라운 일이다. 예측불허이다. 선지식이라면 적어도 이래야 한다. 노인네의 솜씨를 더 볼 수 있었다면 참 좋았을 것을.

몽둥이를 상대에게 준 것은 참 무모했네.
전장에서 상대 장수에게 자기의 보검을 내어 준 것은 어떤 배포이며 어떤 전략일까? 문득 젊은 석가세존께서 우루빈나 가섭을 만나 화룡의 굴에 스스로 들어간 일이 생각난다. 상대의 모든 능력을 다 사용케 한 후에 진심으로 승복케 하는 솜씨는 아무나 가지는 것이 아니다.

석가모니부처님께서 우루벨라가섭의 화룡(火龍)을 항복 받아 발우에 담
은 장면. 5백명의 제자를 거느린 120세의 우루벨라 가섭을 항복 받은 것
임

제76칙

끽반구안
(喫飯具眼)

밥을 먹을 안목

松江

다른 곳에서는 '단하선사가 '밥은 먹었느냐'고 묻다(丹霞
喫飯也未)'로도 되어 있음.

설두스님께서 선택한 일흔여섯 번째 얘기는 단하(丹霞)선
사와 어느 스님의 문답과 그 문답에 대한 장경(長慶)스님과
보복(保福)스님의 대화이다.

단하 천연(丹霞天然, 739~824)선사는 당대(唐代)의 선

승이시다. 유학을 배운 후 과거(科擧)에 응시하기 위해 장안 (長安, 西安)으로 가다가 한 선승으로부터 관리가 되는 과거 보다는 부처가 되는 과거를 보는 것이 어떻겠느냐는 말을 듣고 출가했다. 처음 마조(馬祖)선사를 친견한 후, 석두 희천 (石頭希遷)선사를 찾아가 삼 년간 참학하였다. 다시 마조선 사에게로 돌아와 수행하던 어느 날 법당의 성상(聖像)에 올라가 앉아 있는 모습을 본 마조선사께서 "천연(天然)하도다." 하시니, 바로 내려와 절을 올리고는 "법호 감사합니다." 고 하였다. 이로부터 천연이라고 호를 썼다. 낙양의 혜림사 (慧林寺)에 들렀다가 추위에 법당의 목불을 태웠는데, 원주가 야단을 치자 "나는 사리를 얻고자 했을 뿐입니다."고 했다. 원주가 "목불에서 무슨 사리를 얻는다는 말이요?"라고 하자, "사리가 없는 목불이라면 태운들 무슨 잘못이 있던 말이요!"라고 응대했다. 하남성 남양(南陽)의 단하산(丹霞山)에 주석하니 가르침을 받으려는 이들이 3백여 명이나 모여들어 큰절을 이루었다. 86세가 되자 제자들에게 목욕을 시켜달라고 한 후, 지팡이를 든 채로 마루에 나앉으며 "나는 간다. 신을 신겨 다오."하여 신을 신고 한 발을 내디디며 입적

했다. 시호는 지통(智通)선사.

　장경 혜릉(長慶慧稜, 854~932)선사는 당말(唐末) 오대 (五代)의 선승으로 설봉(雪峰)선사의 법제자이다. 절강성 항주 염관(鹽官) 출신으로 13세 때 강소성 소주 통현사(通玄 寺)에서 출가했다. 영운 지근(靈雲志勤)·설봉 의존(雪峰義 存)·현사 사비(玄沙師備)선사를 참학하였으며, 설봉선사의 법을 이었다. 천우(天佑) 3년(906) 복건성 천주 자사(泉州 刺史)인 왕정빈(王廷彬)의 청에 따라 초경원(招慶院)에 머 무셨고, 그 후에 복건성 복주 장경원(長慶院)에 주석하셨다. 초각(超覺)대사라는 호를 받으셨다.

　보복 종전(保福從展, ~928)선사는 당말(唐末) 오대(五 代)의 선승으로 설봉(雪峰)선사의 법제자이다. 복주(福州) 출신으로 18세에 대중사(大中寺)에서 구족계를 받았다. 설 봉 의존(雪峰義尊)·장경 혜릉(長慶慧稜)·아호 지부(鵝湖 智孚)선사를 참학한 후 설봉선사의 법을 이었다. 뒷날 장주 (漳州)의 보복원(保福院)에서 후학을 지도하니 항상 7백 대 중 이상이 운집했다고 한다.

垂示

細如米末_{하고} 冷似氷霜_{이라} 冨塞乾坤_하
세 여 미 말　　　　냉 사 빙 상　　　　복 색 건 곤

고 離明絶暗_{하니} 低低處_도 觀之有餘_{하고}
이 명 절 암　　　저 저 처　　관 지 유 여

高高處_도 平之不足_{이라} 把住放行_이 總
고 고 처　　평 지 부 족　　　파 주 방 행　　　총

在這裏許_라 還有出身處也無_아 試擧
재 저 리 허　　환 유 출 신 처 야 무　　시 거

看_{하라}
간

파주(把住) 잡아들임. 부정함.

방행(放行) 놓아줌. 긍정함.

수시

작기로는[細] 쌀가루와[米末] 같고[如], 차갑기로는[冷] 얼음과[氷] 서리[霜] 같다[似]. 천지에[乾坤] 가득[冨] 찼으며[塞], 밝음을[明] 떠났고[離] 어둠을[暗] 끊었다[絶]. 낮고 낮은 곳에서도[低低處] 그것을[之] 봄에[觀] 여유가 있고[有餘], 높고 높은 곳에서도[高高處] 그것을[之] 평정하기는[平] 부족하다[不足].

잡아들임과[把住] 놓아줌이[放行] 모두[總] 이 안에 있다[在這裏許]. 다시[還] 몸을 벗어날 곳이 있겠느냐[有出身處也無]? 본칙을[擧] 보도록[看] 하자[試].

 **松江**

　때로는 먼지처럼 작은 것, 때로는 얼음처럼 차가운 것, 때로는 용암처럼 뜨거운 것이 무엇일까? 언제나 온 우주에 충만한 것, 밝음과 어둠 따위를 초월하고 있는 것이 무엇일까?

　낮추고 또 낮추어도 그 밑바닥을 볼 수 없는 것, 아무리 높게 높게 올라도 꼭대기가 되지 않는 것이라니.

　도망가는 놈 잡아들이고 웅크린 놈 놓아주기를 마음대로 하여 깨달음에 이르게 하는 묘책이 다 깃들어 있는 '이것'은 무엇일까? 장부라면 당연히 해결해야 하지 않겠는가.

바위인가, 조각인가, 미륵보살인가
문경 관음리 석조미륵보살반가상

本則

擧 丹霞問僧호대 甚麼來오 僧云 山下
거 단하문승　　심마래　승운 산하

來니다 霞云 喫飯了也未아 僧云 喫飯
래　　하운 끽반료야미　승운 끽반

了니다 霞云 將飯來與汝喫底人이 還
료　　하운 장반래여여끽저인　환

具眼麼아 僧無語라 長慶問保福호대 將
구안마　승무어　장경문보복　　장

飯與人喫하니 報恩有分이어늘 爲什麼하
반여인끽　　보은유분　　위십마

야 不具眼고 福云 施者受者二俱瞎眼
야 불구안　복운 시자수자이구할안

이니다 長慶云 盡其機來에 還成瞎否아
이니다 장경운 진기기래　환성할부

福云 道我瞎得麼아
복운 도아할득 마

이런 얘기가 있다[擧]. 단하선사께서[丹霞] 찾아온 스님에게[僧] 물었다[問]. "어디에서 오느냐[甚麼來]?"

그 스님이 답했다[僧云]. "산 밑에서 왔습니다[山下來]."

단하선사께서 물었다[霞云]. "밥은 먹었느냐[喫飯了也未]?"

그 스님이 답했다[僧云]. "먹었습니다[喫飯了]."

단하선사께서 물었다[霞云]. "자네에게 밥을 먹게 해 준 사람은[將飯來與汝喫底人] 안목을 갖추었던가[還具眼麼]?"

그 스님이 아무 말도 못했다[僧無語].

〈뒷날 이 얘기를 두고 장경스님 보복스님이 대화를 하게 되었다.〉

장경스님이[長慶] 보복스님에게[保福] 물었다[問]. "다른 사람에게 밥을 먹게 해 주었으니[將飯與人喫] 은혜를 갚기에 충분한데[報恩有分] 어째서[爲什麼] 안목을 갖추지 못했다고 했을까요[不具眼]?"

보복스님이 답하였다[福云]. "베푼 자나[施者] 받은 자나[受者] 둘 다 눈이 먼 것이지요[二俱瞎眼]."

　장경스님이 말했다[長慶云]. "능력을 다 발휘해도[盡其機來] 장님이 될까요[還成瞎否]?"

보복스님이 말하였다[福云]. "내게 장님이라고 말하는 것입니까[道我瞎得麼]?"

松江

　수행자는 항상 깨어 있어야 한다. 바깥의 어떤 상황에도 끌려다녀서는 안 된다. 설사 위대한 선지식을 대할지라도 아차하면 속는다. 사실 바깥에 끌려다니는 그 자체가 자기의 망상이나 분별에 속는 것이다.

　단하선사를 찾아온 이 스님도 열심히 선지식을 찾아다니기는 하지만 자기 안의 선지식은 감감 무소식이다. ‘어디에서 오느냐’는 질문에 ‘산 밑에서 온다’고 제법 말솜씨를 부려보지만 그것도 역시 분별이고 망상인 것을 어쩌랴. 설두선사께서는 한 번의 기회를 더 주셨다.

　“밥은 먹었느냐?”

　“먹었습니다.”

　상대는 역시나 어둡다. 이제 마지막 기회를 주셨다.

　“자네에게 밥을 먹게 해 준 이는 안목을 갖추긴 했느냐?”

　이 스님이 단하선사를 칠 수 있는 기회를 멀쩡히 서서 놓치고 말았다. 아무 말도 못한 것이다.

　뒷날 장경스님이 사제인 보복스님에게 이 문제를 물었다.

"밥을 먹게 해준 이는 그것으로도 은혜를 갚을 만한 충분한 자격이 있는데, 어째서 안목이 없다고 한 것입니까?"

보복선사의 답은 참 시원하다.

"은혜 따위가 무슨 소용이 있겠습니까. 둘 다 장님인 것을요."

이 대목에서 맹목적인 부모의 사랑을 생각하게 된다. 상상불허의 고액과외를 시켜서 소위 좋은 대학에 입학시켜 주면 자식의 지혜가 열리는 것일까? 길 잘 들여진 앵무새를 키운 격이다. 사회는 길들여지며 익숙해진 그런 문제들을 푸는 곳이 아니다. 장경스님은 멈추지 않고 다그쳤다.

"모든 기량을 다 발휘해도 장님이 될까요?"

참으로 멋진 질문 아닌가. 하지만 다분히 위험을 감내할 각오가 되어야 이런 질문을 할 수 있다. 아니나 다를까, 보복스님이 냅다 내질렀다. "내가 장님이라는 말입니까?" 내지르긴 하였지만 인정이 남았으니 아쉽다.

최고의 스승인 달라이라마존자님을 모시고 있는 다람살라 남걜사원의
대중들
공양은 드셨는지

盡機不成睧이여
진기불성할

按牛頭喫草로다
안우두끽초

四七二三諸祖師가
사칠이삼제조사

寶器持來成過咎라
보기지래성과구

過咎深無處尋이라
과구심무처심

天上人間同陸沈이로다
천상인간동육침

사칠(四七) 4×7=28. 인도의 28대 조사님들.

이삼(二三) 2×3=6. 중국의 6대 조사.

육침(陸沈) (1) 슬기로운 이가 속세에 숨어 사는 것. (2) 나라가 적에게 침공 당해 망함. (3) 옛것은 알지만 새것은 모름. 시대의 추이를 모름.

능력을 다 발휘하면[盡機] 장님이 되진 않는다
함이여[不成瞎]!

소의 머리를[牛頭] 눌러서[按] 풀을 먹이는 꼴
이로다[喫草].

인도의 스물여덟[四七] 중국의 여섯[二三] 모든
조사가[諸祖師]

보배 그릇[寶器] 가져와서[持來] 허물을[過咎]
이루었네[成].

허물이[過咎] 깊어서[深] 찾을 곳이[處尋] 없나
니[無]

천상과[天上] 인간이[人間] 동시에[同] 침몰됨
이로다[陸沈].

 **松江**

능력을 다 발휘하면 장님이 되진 않는다 함이여!
소의 머리를 눌러서 풀을 먹이는 꼴이로다.

공양을 하게끔 한 이들이 정말 장님일까? 스스로 밥 챙겨 먹을 때까지 바라만 본다면 과연 몇이나 밥을 먹을 수 있을까? 그렇다고 "최선을 다해도 장님이 될까?"하고 물은 장경스님은 지나친 감이 있다. 그러니 보복스님에게 버럭 한 소리를 듣게 되었지. 그러면 보복스님은 제대로 내지른 것인가? 장경스님도 제대로 두들기질 못했고, 보복스님도 여전히 미진하다.

그럼 단하스님은 찾아온 선객에게 제대로 밥을 먹인 셈인가? 모두가 자비심이 지나치다고 하겠으나, 이 지나친 자비심이 아니었다면 어찌 법의 바퀴가 지금까지 굴렀겠는가.

인도의 스물여덟 중국의 여섯 모든 조사가
보배 그릇 가져와서 허물을 이루었네.

아주 냉정하게 말하자면 어디 보복스님의 허물에 그치랴. 장경스님의 허물도 있고 단하선사의 허물도 있느니. 아니지 33조사 지나친 자비심으로 온갖 방편을 베풀지 않았던가.

허물이 깊어서 찾을 곳이 없나니
천상과 인간이 동시에 침몰됨이로다.

비록 자비심으로 무진 애를 썼고 지금도 또한 무진 애를 쓰지만, 바로 그것 때문에 구덩이로 떨어지는 자들이 끊이지 않으니 이를 어쩌누. 하지만 금광에 순금도 나오던가? 먼지도 날리고 자갈도 튀는 법이지. 제대로 캐어 용광로를 거치는 행운은 누가 누리려나.
그래도 허물은 허물인 게지. 쯧쯧!

누군가는 차를 제대로 마시는 사람이 있겠지
비록 허물이 된다고 해도 나는 이것을 그만두지 않을 것이다
개화사 소리향차법회

제77칙

운문호병
(雲門餬餅)

운문선사의 호떡

松江

설두스님께서 선택한 일흔일곱 번째 얘기는 어떤 스님과 운문(雲門)선사와의 문답이다. 운문 문언(雲門文偃, 864~949)선사는 설봉선사의 법제자이다.

가난한 집안 사정 때문에 어릴 때 공왕사(空王寺) 지징율사(志澄律師)의 제자가 되어 율장에 대한 공부를 열심히 하였으나, 불법에 대한 목마름을 해결할 수 없자 황벽(黃檗)선사의 제자인 목주(睦州)선사를 찾아가 가르침을 청했다. 목주스님은 그를 보자마자 문을 닫아 버렸다. 문언스님이 열심히 문을 두드리자 목주스님이 물었다.

"넌 누구냐?"

"문언입니다."

"무얼 원하느냐?"

"참 성품을 깨닫고자 가르침을 받으려 합니다."

목주스님이 문을 열고 힐끗 보고는 문을 닫아 버렸다. 문언스님이 이틀간 계속 청했으나 거절당하다가 사흘째 문을 열어 주자 곧바로 문안으로 발을 들여 놓았다. 목주스님이 멱살을 잡고 "말해! 빨리 말해!" 라고 재촉하는데, 문언스님이 잠깐 머뭇거리는 사이 밀어내며 세차게 문을 닫았다. 그 바람에 미처 나오지 못한 문언스님의 한쪽 발목이 부러져 버렸다. 그 순간 시원한 경계를 맛보았다.

이윽고 목주스님의 소개로 설봉스님을 찾아가게 되었는데, 설봉스님이 주석하시는 산 아래에서 한 스님을 만나 부탁을 했다. "설봉스님이 법문을 하러 법당에 들어올 때 '불쌍한 늙은이여, 어찌 목에 걸린 칼을 벗지 않으시오!'라고 말해 보시오." 그 스님이 시킨 대로 하자 설봉스님이 멱살을 잡고 다그쳤다. "말해! 빨리 말해!" 그 스님이 아무 말도 못하자, "누구의 말이냐?"고 다시 물었다. 전후 사정을 들은 설봉스님은 대중을 보내 문언스님을 데려와 제자로 삼았다.

운문스님이 설봉스님께 여쭈었다.

"무엇이 부처입니까?"

"잠꼬대하지 마라!"

운문은 예배하고 물러나 줄곧 삼 년을 지냈는데, 그러던 어느 날 설봉스님이 불러 물었다.

"자네 요즘 생활이 어떤가?"

"예전의 모든 성현들과 더불어 하나도 다르지 않습니다."

훗날 운문산에 30여 년 머물며 지도하였고, 그로 인해 운문선사라 한다. 운문 문언스님은 독설가처럼도 말씀하셨는데, 그 대표적인 것이 부처님 탄생게에 대한 법문이다.

운문선사가 법상에 올라 법문을 하시며 말씀하셨다.

"싯다르타가 태어나 사방 일곱 걸음을 걷고는 '이 우주 법계에 내가 오직 존귀하다'고 하였는데, 그때 내가 있었다면 몽둥이로 쳐 죽여 개에게나 던져 주어 세상을 시끄럽지 않게 했을 것이다."

垂示

向上轉去면 可以穿天下人鼻孔하리
향 상 전 거　　가 이 천 천 하 인 비 공

니 似鶻捉鳩요 向下轉去면 自己鼻孔
　 사 골 착 구　　향 하 전 거　　자 기 비 공

이 在別人手裏라 如龜藏殼이니라 箇中에
　 재 별 인 수 리　　여 구 장 각　　　개 중

忽有箇出來道호대 本來無向上向下거
홀 유 개 출 래 도　　본 래 무 향 상 향 하

니 用轉作什麼오하면 只向伊道호대 我也
　 용 전 작 십 마　　　지 향 이 도　　　아 야

知儞向鬼窟裏作活計라하리라 且道하라
지 이 향 귀 굴 리 작 활 계　　　차 도

作麼生辨箇緇素오 良久云 有條攀條
자 마 생 변 개 치 소　　양 구 운 유 조 반 조

하고 無條攀例하리라 試擧看하라
　 무 조 반 례　　　시 거 간

향상향하(向上向下) 향상(向上)은 본원적 절대평등의 세계이며 제일의제(第一義諦)의 경지이고, 향하(向下)는 상대적 차별의 세계이며 모든 것을 긍정하는 제이의적(第二義的) 경지를 가리킨다.

천천하인비공(穿天下人鼻孔) 세상 모든 사람들의 콧구멍을 꿰. 모두 꼼짝 못 하게 함.

개중(箇中) 저리(這裏)와 같음. 여기.

귀굴(鬼窟) 귀신의 소굴. 도깨비굴.

활계(活計) 생계. 생활.

유조반조(有條攀條) 법규가 있으면 법규를 따름.

무조반례(無條攀例) 법규가 없으면 관례를 따름.

절대평등의 차원으로 간다면[向上轉去] 천하 사람들의[天下人] 콧구멍을[鼻孔] 뀔 수 있을 것이니[可以穿] 송골매가 비둘기를 잡는 것과 같고[似鶻捉鳩], 상대적 차별의 세계로 간다면[向下轉去] 자기의 콧구멍이[自己鼻孔] 다른 사람의[別人] 손안에[手裏] 있는 것이[在] 거북이가 껍질 속에 갇힌 것과 같으리라[如龜藏殼]. 여기에[箇中] 문득[忽] 어떤 이가[有箇] 나와서[出來] "본래[本來] 절대평등도[向上] 상대적 차별도[向下] 없는데[無] 그렇게 해서[用轉] 뭘 하자는 것인가[作什麼]?"라고 한다면[道], 다만[只] 그를[伊] 향해[向] 말하겠다[道]. "나도[我也] 그대가[儞] 귀신 굴 안에서[向鬼窟裏]

살림살이 하는 줄을[作活計] 안다네[知]."

자 말해보라[且道]. 검고 흰 것을[箇緇素] 어떻

게 구분할 수 있겠는가[作麼生辨].

잠자코 있던 원오선사가 말씀하셨다[良久云].

법규가[條] 있다면[有] 법규를[條] 따르고[攀],

법규가[條] 없다면[無] 관례를[例] 따르라[攀].

다음의 본칙을 보자[試擧看].

언어나 분별을 떠난 완벽한 깨달음의 경지라면 천하 어느 누군들 거기 입을 댈 수 있겠는가. 마치 송골매 앞에서 비둘기가 조금이라도 하늘을 날려고 했다간 목숨을 부지하기 어려울 것이다. 이 경우에는 삼세제불이 오더라도 함구할 수밖에 없을 것이다. 만약 상대적 차별의 경지에 연연한다면, 마치 자신을 보호하기 위해 존재하는 껍질 속에 갇혀버린 거북이처럼 될 것이다. 이 경우라면 다른 사람의 수중에서 놀아날 뿐이다.

어떤 이들은 이렇게 말한다. "궁극적인 도에는 본디 절대적 평등(向上)이니 상대적 차별(向下)이니 하는 것이 없는데, 그런 걸 따져서 뭘 하자는 것인가?" 목에 힘을 잔뜩 주고 이렇게 외치는 이들이 얼마나 많은가. 하지만 이들은 모두 귀신 굴 살림을 차렸다. 만일 허공에 서 있는 사람을 본다면 몽둥이로 후려쳐 버려야 한다.

그건 그렇고 향상(向上)과 향하(向下)를 어떻게 가릴 수 있겠는가? 다음의 얘기가 좋은 방침이 될 것이다.

방혜자 선생과 석굴암부처님에 대해 얘기를 하고 있는 모습
이것은 향상(向上)일까 향하(向下)일까

擧 僧問雲門호대 如何是超佛越祖之
거 승문운문   여하시초불월조지

談이닛고 門云 餬餅이니라
담   문운 호병

이런 얘기가 있다[擧].

어떤 스님이[僧] 운문선사께[雲門] 여쭈었다[問]. "어떤 것이[如何是] 부처와 조사를 초월하는 말입니까[超佛越祖之談]?"

운문선사께서[門] 답하셨다[云]. "호떡[餬餅]!"

 **松江**

수행자들은 절대적인 경지를 추구하는 이들이다. 그래서 그 문답에 예의 따위를 갖추지 않는다. 일반 사람들이라면 부처님과 조사님들을 모시고 따르겠지만, 수행자는 거기에 머무르지 않는다. 스스로 부처가 되고자 하기 때문이다. 하지만 초월에 집착해 버리면 그건 더 큰 병이 된다.

여기 질문을 던진 스님은 부처와 조사를 안 것일까? 만약 알았다면 여기의 질문은 군더더기가 될 것이다. 만약 모르고 했다면 엄청난 오류를 범한 것이다. 이런 경우 대부분 후자에 속한다. 부처와 조사를 초월하는 방법은 스스로 부처나 조사가 되는 길밖에 없다. 부처와 조사는 이미 남들이 한 말을 앵무새처럼 되뇌지 않는다.

질문을 받은 운문선사는 이미 엄청난 이들을 몽둥이로 두들겨 패서 개에게 던져 준 인물이다. 이 운문선사의 입에서 곧바로 던져진 "호떡!"은 임제선사의 할(臨濟喝)과 덕산선사의 방(德山棒)을 무색케 한다.

종일 호떡을 먹는다 해도 이 호떡을 모를 것이고, 수만 개의 호떡을 살핀다 해도 운문의 호떡은 알지 못할 것이다. 어떻게 하면 운문선사의 호떡을 먹을 수 있을까?

어떻게 해야 운문선사의 호떡을 먹을 수 있을까
중국 운문산 대각선사(大覺禪寺)에 모셔져 있는 운문 문언선사 진영

超談禪客問偏多_{하니}
초 담 선 객 문 편 다

縫罅披離見也麼_아
봉 하 피 리 견 야 마

餬餅塞來猶不住_{하고}
호 병 축 래 유 부 주

至今天下有謼訛_{로다}
지 금 천 하 유 효 와

초담(超談) 본칙에서 말한 초불월조(超佛越祖)의 얘기.

봉하(縫罅) 꿰맨 자리가 터짐.

피리(披離) 너덜너덜해짐.

축(塞) 틈을 막음.

효와(謼訛) 그릇된 말을(訛) 삼가지 않고 떠듦(謼).

초월적 얘기[超談] 묻는 선객[禪客問] 매우 많으니[偏多]

꿰맨 곳 터져[縫罅] 너덜거리는 것[披離] 보았는가[見也麼]?

호떡으로[餬餅] 막았으나[塞來] 여전히 그칠 줄 모르니[猶不住]

지금까지[至今] 세상에는[天下] 헛소리가 난무하네[有誵訛].

 **松江**

초월적 애기 묻는 선객 매우 많으니

걷지도 못하면서 뛰려고 하는 이들이 있다, 특히 불교를 공부한다는 이들 가운데 이 병폐가 심하다. 부처님과 조사님들이 말없는 도리를 깨닫지 못하는 이들을 안타깝게 생각하여 입이 아픈 수고를 마다하지 않았는데, 제대로 참구하여 타파하지도 못하면서 그 너머의 세계를 알려달라고 떼를 쓴다. 책 몇 권 읽었다고 아는 체 말 것이며, 선문답의 문구 흉내 낸다고 자신이 선사가 된 듯 착각하지 말라.

꿰맨 곳 터져 너덜거리는 것 보았는가?

자기 살림 아닌 것을 자랑하는 이들은 그것이 얼마나 너덜거리는 것인 줄을 모른다. 제 옷이 아닌 것을 입고 자랑하느라 꿰맨 자리 터져서 부끄러운 곳 드러난 줄을 모르고 있는 것이다. 그러니 먼저 스스로를 살펴봐야 한다.

호떡으로 막았으나 여전히 그칠 줄 모르니

지금까지 세상에는 헛소리가 난무하네.

운문 노인네가 잘난 체 수작하는 이들을 얼마나 만났겠는가. 그래서 호떡으로 그 입을 틀어막아 버렸다. 그러나 어쩌랴. 호떡을 놓고 또한 입방아를 찧고 있으니… 그래서 세상엔 온통 도깨비들이 난무한 것이지.

두 분의 대화를 들을 수 있다면 운문선사의 호떡을 먹을 수 있으리

제78칙

개사오수인
(開士悟水因)

보살이 물의 근본을 깨달음

松江

다른 곳에서는 '16보살의 목욕(十六開士入浴)'으로도 되어 있음.

설두스님께서 선택한 일흔여덟 번째 얘기는 『능엄경(楞嚴經)』5권에 있는 16보살이 목욕하다가 물의 근본을 깨달은 얘기이다.

擧 古有十六開士하야 於浴僧時에 隨
거 고유십육개사 어욕승시 수

例入浴하다가 忽悟水因이라 諸禪德은 作
예입욕 홀오수인 제선덕 자

麼生會 他道妙觸宣明成佛子住오 也
마생회 타도묘촉선명성불자주 야

須七穿八穴이라사 始得다
수칠천팔혈 시득

개사(開士) 보살.

수인(水因) 물의 인연.

불자주(佛子住) 부처님의 아들 자리. 선문염송(禪門拈誦)에서는 '제 9 법왕자주(法王子住)' 즉 '부처의 가르침에 따르므로 지혜가 생겨 미래에 부처가 될 만한 경지'라고 하였음.

칠천팔혈(七穿八穴) 칠통팔달(七通八達)과 같음. 종횡으로 자재함.

이런 얘기가 있다[擧]. 옛날에[古] 열여섯[十六] 보살이[開士] 있었는데[有], 스님들이 목욕하는 때에[於浴僧時] 이전처럼[隨例] 욕실에[浴] 들어갔다가[入] 문득[忽] 물의 인연을[水因] 깨달았다[悟].

모든[諸] 덕 높은 수행자들이여[禪德], 저들이[他] "미묘한 감촉이[妙觸] 분명하게 밝아져[宣明] 불자주를[佛子住] 성취하였습니다[成]."고 말한 것을[道] 어떻게[作麼生] 알 수 있겠는가[會]? 또한 모름지기[也須] 종횡으로 자재해야[七穿八穴] 그럴 수 있을 것이다[始得].

 **松江**

본칙은 『수능엄경(首楞嚴經)』 제5권 수도분(修道分) 육진원통(六塵圓通)을 밝히는 곳에서 나온 얘기를 인용하고 있다. 『수능엄경(首楞嚴經)』의 내용을 옮겨 본다.

「발타바라(跋陀婆羅)와 그의 도반 열여섯 명의 수행자들이 자리에서 일어나 부처님의 발에 이마를 대어 절하고 부처님께 사뢰었다.

"저희들이 지난 세상에 위음왕불(威音王佛)의 처소에서 법을 듣고 출가한 이후 대중과 함께 목욕할 때에 차례로 욕실에 들어갔었는데, 홀연히 물의 인연(水因)을 깨닫게 되었습니다. 그 근본에 있어서는 때(塵)를 씻는 것도 아니고, 몸을 씻는 것도 아니어서, 그 가운데 편안히 존재하는 바가 없음(無所有 = 空)을 얻게 되었습니다. 그동안 속세의 습기(宿習)를 잊지 못하다가 지금에 이르러서 부처님을 따라 출가하여 이제 더 배울 것이 없는 무학(無學)을 얻게 되었으니 부처님께서 저를 '발타바라'라고 부르셨으며, 미묘한 감촉(妙觸)이 분명하게 밝아져(宣明) 불자주(佛子住)를 이루었습니다.

부처님께서 원통(圓通)을 물으시니, 제가 증득한 바로는 촉
인(觸因)이 제일인가 합니다.”」

　물로써 때를 씻는다고 하니, 도대체 어떻게 씻는다는 말인
가. 물도 물이라고 할 고정된 것이 없으며 때도 또한 때라고
할 것이 없는데 무엇이 무엇을 씻는다는 말인가? 만약 일체
로부터 자유로운 사람이라면 목욕탕에 들어가고 나오는 내
내 삼매를 벗어나지 않을 것이다.
　사대육신이 이미 비었거늘 어디에 때가 있겠으며, 물 또한
인연으로 잠시 이뤄진 것인지라 물이라 할 것이 없거니 어찌
빈 것이 빈 것을 씻겠는가. 허공을 씻는 솜씨가 있는 자라면
능히 목욕탕이 여래의 방임을 알 것이다.
　스스로 여래의 방에 있는 자라면 어찌 깨달았다고 떠들겠
는가. 깨달은 자는 그따위 말을 입에 담지 않고, 깨달았다고
떠드는 자는 허공에 그림을 그리는 자이다.

일출 전의 이른 아침 갠지스강에서 목욕하고 빨래하고 물을 마시는 이들
은 해탈한 것일까
2009.12.10 AM 06시 17분 촬영

了事納僧消一箇니
요 사 납 승 소 일 개

長連床上展脚臥라
장 연 상 상 전 각 와

夢中曾說悟圓通하니
몽 중 증 설 오 원 통

香水洗來驀面唾하리라
향 수 세 래 맥 면 타

일 마친[了事] 수행자[衲僧] 한 사람이면[一箇]
충분하니[消]
길게 늘인 자리 위에[長連床上] 다리[脚] 뻗고
[展] 누우리[臥].
꿈속에서[夢中] 원통을[圓通] 깨달았다고[悟]
떠들다니[曾說],
향수로[香水] 씻었어도[洗來] 곧장[驀] 얼굴에
침 뱉으리[面唾].

 **松江**

일 마친 수행자 한 사람이면 충분하니

길게 늘인 자리 위에 다리 뻗고 누우리.

떼거리로 몰려다니며 깨달음 타령하여 사람들을 홀리는 무리 따위에 귀 기울이는 자라면 이미 별 영험이 없는 놈이다. 대장부는 그런 헛소리에 속지 않는다. 일을 마쳤는지 마치지 못했는지는 남의 입을 빌릴 것도 없는 것이니, 제 속을 보면 다 드러나는 법이다. 하긴 심안(心眼)이 감겼으면 어렵지. 만일 스스로 일을 마친 이라면 삼세제불이 온다 해도 졸리면 잠을 자는 법이다.

꿈속에서 원통을 깨달았다고 떠들다니,

향수로 씻었어도 곧장 얼굴에 침 뱉으리.

천지에 꿈꾸는 자들만 있다면 꿈속에서 깨달았다고 떠드는 놈을 꿈속 사람들이 따를 것이다. 그러나 오래전에 꿈에서 깬 사람이라면 깨달았다고 잠꼬대하는 놈을 발로 걷어차 버릴 것이다.

경전 몇 권 본 자는 부처님 말씀 외워 앵무새 소리하고, 선 (禪)을 설명한 엉터리 책을 몇 권 본 놈은 머리를 굴려 책 속에서 본 구절로 남을 속이려 든다. 비록 그것이 한때는 과실이었고 꽃이었지만 오래되어 시들고 상해버렸다.

싱싱하던 꽃도 시든 지 오래되면 썩어 악취가 나고, 달콤하던 과실도 상하면 독이 되는 법이다. 그러니 다른 사람에게 선물하려거든 막 피어난 꽃과 바로 수확한 과실을 내놓아야 할 것이다.

목이 말라 차를 마시고 싶다는 이에게 차는 주지 않고 사진을 보여주며
차 자랑이나 하는 놈이라면 사정없이 걷어차 버릴 것

제79칙

투자일체성시불성
(投子一切聲是佛聲)

투자선사의 모든 소리가 곧 부처 소리

설두스님께서 선택한 일흔아홉 번째 얘기는 투자(投子)선사와 어느 스님의 문답이다.

투자 대동선사(投子大同禪師, 819~914)는 취미 무학선사(翠微無學禪師)의 법제자로 법명은 대동(大同)이다. 서주(舒州) 회녕(懷寧) 출신인데, 처음에는 수식관(數息觀−자신의 호흡을 관찰하는 공부−주로 참선 초기에 행함)을 익혔다. 뒷날 『화엄경』을 보다가 성품의 실체를 깨달았고, 취미선사

밑에서 공부하다가 크게 깨쳤다. 이로부터 발 닿는 대로 떠돌다가, 고향으로 돌아가 투자산(投子山)에 암자를 짓고 은거했다. 스님은 한동안 직접 깨를 길러 기름을 짜 팔아서 생활을 했다고 하는데, 조주스님이 찾아가 만난 이후로 유명해져서 공부하는 이들이 모여들었다고 한다.(제41칙 참조)

垂示

大用이 現前에 不存軌則이요 活捉生擒
대용　현전　부존궤칙　　활착생금

은 不勞餘力이니라 且道하라 是什麼人이
불로여력　　차도　　시십마인

曾恁麼來오 試擧看하라
증임마래　시거간

수시

큰 작용이[大用] 눈앞에서 펼쳐질 때는[現前] 정해진 규칙을[軌則] 따르지 않고[不存], 산 채로 사로잡으면서도[活捉生擒] 괜한 힘을[餘力] 쓰지 않는다[不勞].

자 말해 봐라[且道]. 이 어떤 사람이[是什麼人] 이렇게 했었던가[曾恁麼來].

본칙을[擧] 보도록[看] 하자[試].

 **松江**

　사람들은 열심히 배우고 익힌다. 그렇게 하면 미래의 삶을 풀어 가는 데 충분할 것이라는 기대를 한다. 하지만 현실에 부딪혀보면 그 기대는 무참히 깨어진다.

　불교 공부를 교리(敎理)로 시작한 이들은 배운 교리가 이해되면 자기의 경지가 그렇게 된 것으로 착각한다. 하지만 본성(本性)의 오묘한 작용(妙用)은 참으로 미묘해서 온갖 교학으로 접근해도 그 모습을 볼 수가 없다. 그러니 배운 것을 다 놓아버려야만 한다. 그런 후에 그 본성을 바로 볼 수 있게 되면, 힘들이지 않고 사로잡기도 하고 놓아주기도 하는 것이다. 그런 사람은 유유자적한 허공의 매와 같다.

　숲속의 어리석은 꿩이 움츠리고 있으면 잠시 매를 속일 수 있겠지만, 움직이는 순간 매의 눈을 피할 수 없다.

선지식 앞에서 마음을 움직이는 순간 바로 포착된다
걸림 없이 자유자재한 분
2006년 8월 16일 달라이라마 존자님 접견실에서 촬영

擧 僧問投子호대 一切聲是佛聲이라하니
거 승문투자 　 일체성시불성

是否닛가 投子云 是니라 僧云 和尙은 莫
시부 　 투자운시 　 승운 화상 막

屎沸碗鳴聲하소서 投子便打하다 又問
독비완명성 　 투자변타 　 우문

麤言及細語가 皆歸第一義라하니 是否
추언급세어 　 개귀제일의 　 시부

닛가 投子云 是니라 僧云 喚和尙作一頭
투자운시 　 승운 환화상작일두

驢得麼아 投子便打하다
려득마 　 투자변타

독비(屎沸) 방귀 소리

완명성(碗鳴聲) 그릇에 물이 떨어지는 소리.

제일의(第一義) 근본(根本)이 되는 궁극(窮極)의 진리(眞理)

이런 얘기가 있다[擧].

한 스님이[僧] 투자선사께[投子] 여쭈었다[問].

"모든 소리가[一切聲] 곧[是] 부처님의 말씀이라는데[佛聲] 그렇습니까[是否]?"

투자선사께서 말씀하셨다[投子云]. "그렇다[是]."

그 스님이 말하였다[僧云]. "큰스님께서는[和尙] 방귀 소리나[屎沸] 주발에 물 따르는 소리를[碗鳴聲] (부처의 소리라고) 하지 마십시오[莫]."

투자선사께서[投子] 즉시 후려쳤다[便打].

그 스님이 다시 여쭈었다[又問]. "거친 말과 섬세한 말이[麤言及細語] 모두[皆] 궁극의 진리로[第

一義] 귀결된다는데[歸] 그렇습니까[是否]?”

투자선사께서 말씀하셨다[投子云]. “그렇다[是].”

그 스님이 말하였다[僧云]. “큰스님을[和尙] 한 마리 당나귀라고[作一頭驢] 불러도[喚] 되겠습니까[得麼]?”

투자선사께서[投子] 즉시 후려쳤다[便打].

 **松江**

수행자는 틀이 없어야 한다. 하지만 수행을 하는 중에는 스스로 틀을 만들어 그 속에 갇히기도 한다. 갇힌 줄을 알고 틀을 깨트리려고 용맹정진하면 다행이나 그 틀이 대단한 경지라고 착각해버리면 먼지를 일으키게 된다.

투자선사를 찾아온 스님은 『열반경』의 내용으로 투자선사를 시험하려 하였다. 그래서 '모든 소리가 부처님의 말씀'이라는 것을 가져와서 질문을 던졌다. 투자선사께서 "그렇다"고 인정하자 자신의 소견으로 투자선사를 몰아붙였다. "그렇다면 큰스님의 말씀을 방귀소리나 그릇에 물 따르는 소리라고 해도 되겠군요." 이것은 '일체성이 곧 불성'을 뒤집어 '불성이 곧 일체성'의 도리로 대응한 것이다. 일견 멋들어진 공격처럼 보인다. 그러나 그 스님은 논리의 함정에 빠졌다. 경지와 논리는 다르다는 것을 모르고 있다. 투자선사의 경지는 자유자재하다. "그렇다"고 한 것은 긍정한 듯 보이지만 사실은 상대의 정체를 밝히는 묘책이다. 찾아온 스님은 역시 선사의 묘책에 걸려들었다. 그래서 그 틀을 부수어 주려고 후려쳤다.

하지만 이 스님은 자기의 잘못을 깨닫지 못했다. 그래서 다시『열반경』의 내용을 가져와 투자선사를 시험했다. ‘거친 말과 섬세한 말이 모두 궁극의 진리로 돌아간다’는 말이 맞느냐고 질문을 던졌다. 투자선사께서는 다시 “그렇다”고 답하셨다. 그러자 질문을 한 스님이 “그럼 큰스님을 한 마리 당나귀라고 불러도 되겠군요?”라고 몰아쳤다. ‘거친 말도 궁극적 진리로 돌아감’의 논리이다. 하지만 질문한 스님은 자기의 논리가 반쪽짜리임을 모르고 있었으며, 더구나『열반경』의 말씀이 모든 논리를 초월하고 있음도 몰랐다. 그래서 투자선사께서는 즉시에 후려치신 것이다.

질문을 한 스님의 용기는 참으로 가상하다. 그러나 투자선사는 이미 모든 것을 꿰뚫고 있었다. 그래서 자비를 두 빈이나 베풀어 그 스님의 틀을 깨뜨려주려고 하셨다. 하지만 준비가 덜 된 것을 어쩌랴. 그가 깨닫지 못한 것은 자비를 베푼 투자선사의 허물이 아니다.

投子投子_여 機輪無阻_라
투자투자　기륜무조

放一得二_{하니} 同彼同此_라
방일득이　동피동차

可憐無限弄潮人_{이여}
가련무한롱조인

畢竟還落潮中死_{로다}
필경환락조중사

忽然活_{하면}
홀연활

百川倒流鬧㶚㶚_{하리라}
백천도류료활활

기륜(機輪) 대기대용(大機大用)의 솜씨. 후학을 지도하는 솜씨.

료(鬧) 시끌벅적한 것.

활활(㶚㶚) 많은 물이 콸콸대는 소리임.

작은 새가 매 앞에서 이길 수 있는지를 시험해선 안 된다
매가 아니면 죽는다

투자선사시여[投子] 투자선사시여[投子]!

후학 지도하는 솜씨[機輪] 막힘이 없구나[無阻].

하나를 놓아[放一] 둘을 얻으니[得二]

저와 같고[同彼] 이와 같도다[同此].

가련타[可憐] 파도타기 즐기는[弄潮] 한없는[無限] 사람들이여[人]!

마침내[畢竟] 오히려[還] 파도에 떨어져[落潮中] 죽는구나[死].

홀연히[忽然] 살아난다면[活]

모든 강물이[百川] 크게 콸콸대며[鬧湉湉] 거꾸로 흐르리[倒流].

투자선사시여 투자선사시여!
후학 지도하는 솜씨 막힘이 없구나.

아~ 투자선사의 이 솜씨를 보라. 상대의 말을 긍정하여
멋진 솜씨를 보이시고, 상대의 허물을 보고는 두들겨 버렸
다. 긍정하며 유인하는 솜씨가 탁월하니 상대가 스스로 함
정에 빠졌고, 현란한 논리를 부숴버리니 만고에 빛나는 선지
식의 모습이다.

하나를 놓아 둘을 얻으니
저와 같고 이와 같도다.

투자선사는 두 가지의 질문에 오직 '그렇다(是)'고만 했다.
그러나 질문하는 이는 자신의 어쭙잖은 논리에 떨어져 매를
두 번이나 벌고 말았다. 앞에서도 그랬고 뒤에서도 그랬는
데, 이 두 번의 맷값을 훗날에라도 갚기나 했는지 모르겠다.

가련타 파도타기 즐기는 한없는 사람들이여!
마침내 오히려 파도에 떨어져 죽는구나.

수행하는 이들이 누군들 깨달음을 싫어하겠는가. 그러나 대부분 작은 소득을 진짜로 알고 재주를 뽐내려다가, 혹은 스스로 만족하고 또는 스스로 자기 논리에 떨어지고 만다. 마치 투자선사를 찾아온 이 스님처럼.

홀연히 살아난다면
모든 강물이 크게 콸콸대며 거꾸로 흐르리.

그러나 수행에서의 잠이나 죽음은 결정적이지 않다. 언제라도 잠을 깨면 제대로 볼 수 있고, 죽음의 틀을 깨고 나오면 천하의 장부가 된다. 만일 그가 능히 투자선사를 칠 수 있었다면, 문득 불조(佛祖)도 자취를 감췄을 것이다. 이것이 어디 옛이야기에 그치겠는가.

누구에게나 이보다 더 멋진 미소와 빛남이 있으니
드러내는 장부가 되어야 하리

설두스님께서 선택한 여든 번째 얘기는 조주(趙州)선사 및 투자(投子)선사와 어느 스님의 문답이다.

本則

擧 僧問趙州호대 初生孩子가 還具六
거 승문조주　　　초생해자　　환구육

識也無닛가 趙州云 急水上打毬子니라
식야무　　　조주운 급수상타구자

僧復問投子호대 急水上打毬子라하니 意
승부문투자　　 급수상타구자　　　　의

旨如何닛고 子云 念念不停流니라
지여하　　 자운 염념부정류

6식(六識)　불교에서는 감각기관을 근(根)이라고 하고 바깥의 대상을 경(境)이라고 하며 인식의 주체를 식(識)라고 함. 식(識)에는 눈(眼)·귀(耳)·코(鼻)·혀(舌)·살갗(身)을 의지하는 전오식(前五識)이 있고, 의근(意根)을 의지하면서 전오식을 총괄하는 제6의식(第六意識)이 있다. 이 제6의식이 의지하는 제7말나식과 식의 핵심인 제8아뢰야식이 있다. 그냥 6식이라고 하면 안식·이식·비식·설식·신식·의식을 가리킨다.

이런 얘기가 있다[擧].

한 스님이[僧] 조주선사께[趙州] 여쭈었다[問].
"갓난아기에게[初生孩子] 또한[還] 육식이 갖추어져 있습니까[具六識也無]?"
조주선사께서 말씀하셨다[趙州云]. "급한 물길 위에서[急水上] 공을 친다[打毬子]."
그 스님이[僧] 다시[復] 투자선사께[投子] 여쭈었다[問]. "급한 물길 위에서 공을 친다고 하니[急水上打毬子], 어떤 뜻입니까[意旨如何]?"
투자선사께서 말씀하셨다[子云]. "생각 생각이[念念] 멈추지[停] 않고[不] 흐른다[流]."

여기 인식 작용에 대해 밝은 한 스님이 수행의 깊은 경지와 인식 작용의 관계에 대해 조주선사께 날카롭게 질문을 하였다. 질문을 한 스님은 인간의 심층심리에 대한 매우 전문적인 분석과 집성인 유식(唯識)에 대해 깊게 알고 있었던 모양이다. 대화에서는 비록 육식(六識)이라는 용어만 나오지만 전오식(前五識)과 제육의식(意識) 그리고 제7말나식(末那識)과 제8아뢰야식(阿賴耶識)까지도 알고 있었을 것이다. 그래서 이 모든 인식주체(心王)들이 일으키는 작용에 대한 이론에 대해 정리가 되어 있었을 것이다. 질문을 한 스님은 도를 깨달으신 선승들의 무분별(無分別)이니 무심(無心)이니 천진(天眞)이니 하는 경지에 대해 알고 싶었을 것이다. 그래서 조주선사께 질문을 던진 것이다. "갓난아기에게 또한 육식이 갖추어져 있습니까?" 질문의 요지는 어린아이와 같은 천진의 경지에 도달한 도인에게도 여전히 인식의 작용이 있느냐는 것이다.

단순히 교학의 입장에서라면 진퇴양난의 질문을 던진 셈

이다. 만약 인식 작용이 있다고 답한다면 도인의 깨달음이라는 것이 여전히 분별을 벗어나지 못한 경지이고, 만약 인식의 작용이 없다고 답한다면 도인의 깨달음이 마치 목석(木石)과 같은 것이 되고 마는 것이다.

하지만 질문을 던진 스님은 다만 유식의 이론에 스스로 갇혔을 뿐 유식에서 가리키는 경지를 모르고 있었다. 물론 깨달음의 경지도 모르고 있었다.

조주선사의 답은 질문을 훌쩍 초월해 버린다. 그러나 아주 정확하게 질문에 답을 해 주셨다. "급한 물길 위에서 공을 친다." 조주선사의 경지야 이미 흠잡을 데 없다는 건 다 안다. 그러나 이 답을 보면 조주선사가 언어의 마술사라는 것도 인정하지 않을 수 없다. 조주선사는 '멈춘다'거나 '없다'거나 따위의 어설픈 답을 하지 않는다. 그런 말은 그저 아는 체하는 사람들이나 쓰는 말이다. 이 기막힌 답을 다시 살펴보라. "급한 물길 위에서 공을 친다." 여기에 사족을 붙이면 조주선사를 오물통으로 끌고 들어가는 셈이다.

스스로 깨닫지 못한 질문자는 조주선사의 전광석화와 같은 답이 어디에 떨어지는 줄을 알지 못했다. 그래서 할 수 없이 투자선사를 찾아가서 "급한 물길 위에서 공을 친다."는 말이 무엇을 뜻하는지를 물었다. 투자선사는 아마도 이 스님을 측은하게 여기셨던가 보다. 그래서 자비롭게 답을 해 주셨다. "생각 생각이 멈추지 않고 흐른다."

아직도 헤매는 사람들을 위해 나도 노파심으로 『금강경』 한 구절을 덧붙인다. "마땅히 집착함이 없이 그 마음을 내어라(應無所住 而生其心)"

한산(寒山)과 습득(拾得)의 주고받는 말이나 행위는 급한 물길 위에서
공을 치는 것 같았다
한산당 화엄(寒山華嚴)대선사의 한산습득도(寒山拾得圖)인 연화재수
(蓮花在水). 1992년 작품

六識無功伸一問하니
육 식 무 공 신 일 문

作家曾共辨來端이로다
작 가 증 공 변 래 단

茫茫急水打毬子라
망 망 급 수 타 구 자

落處不停誰解看이리오
낙 처 부 정 수 해 간

공용(功用) 인식 주관의 작용. 분별하고 차별하는 의식 작용. 분별과 망상을 일으키는 마음 작용.

육식의 작용 없는 경지에 대해[六識無功] 질문을 던지니[伸一問]

선지식들[作家] 이미 모두[曾共] 그 핵심을 아셨네[辨來端].

급한 물길 위에서[茫茫急水] 공을 친다고 함이여[打毬子],

떨어진 곳에[落處] 멈추지 않으니[不停] 뉘라서 알랴[誰解看].

松江

육식의 작용 없는 경지에 대해 질문을 던지니

이해의 정도로 깨달음의 경지를 묻다니 참 안타까운 친구로다. 인식 작용을 아무리 잘 알아도 그건 깨달음이 아니지.

선지식들 이미 모두 그 핵심을 아셨네.

인식 작용에 머물러 있다면 어찌 선지식이라고 할 수 있겠는가. 굴리고 또 굴리니 빛만 가득하구나.

급한 물길 위에서 공을 친다고 함이여,

조주선사의 이 멋진 말씀을 과연 누구라서 알겠는가. 달마 조사라면 그 공을 받아칠 수 있으려나.

떨어진 곳에 멈추지 않으니 뉘라서 알랴.

투자 노인네가 아무리 풀이를 해 주면 무슨 소용이 있나. 상대는 이미 멈춘 지가 오래인 것을.

거칠다느니 위험하다느니 말하지 말 것
제주도 파도. 정도스님 사진

松江

설두스님께서 선택한 여든한 번째 얘기는 약산(藥山)선사
와 어느 스님의 문답이다.

약산선사는 약산 유엄(藥山惟儼, 745~828)선사로 당대
(唐代)의 선승(禪僧)이다. 강서성(江西省) 강주(絳州) 출신
으로 17세에 조양(潮陽) 서산 혜조(西山慧照)선사에 의탁
하여 출가했고, 29세에 구족계(具足戒)를 받았다. 청원 행사
(青原行思)선사의 법제자인 석두 희천(石頭希遷, 700~790)

선사를 사사(師事)하여 법을 이어받았으며 호남성(湖南省) 약산(藥山)에서 선풍(禪風)을 크게 일으켰다. 정원 초(貞元 初, 785~805)에 예주(澧州) 약산(藥山)에서 자운사(慈雲寺, 약산사)를 창건하여 불법을 크게 진작시켰다. 시호는 홍도대사(弘道大師)이다. 저서로 『한산자시집(寒山子詩集)』이 있다.

석두 희천(石頭希遷, 700~790)선사는 당대(唐代)의 선승(禪僧)이다. 광동성(廣東省) 단주(端州) 출신으로 육조 혜능(六祖慧能, 638~713)선사에게 출가하였다가 육조스님의 입멸(入滅)후 제자 청원 행사(靑原行思, 671~738)선사의 지도로 법제자가 되었다. 742년경에 형산(衡山) 남사(南寺) 동석대(東石臺) 위에 암자를 짓고 그곳에서 늘 좌선하였으므로 석두 희천(石頭希遷)선사라 호칭했다. 참동계(參同契)와 초암가(草庵歌)를 지었다.

垂示

攙旗奪鼓하니 千聖莫窮이요 坐斷諸訛하
참 기 탈 고　천 성 막 궁　좌 단 효 와

니 萬機不到라 不是神通妙用이요 亦非
만 기 부 도　불 시 신 통 묘 용　역 비

本體如然이라 且道하라 憑箇什麼하야 得
본 체 여 연　차 도　빙 개 십 마　득

恁麼奇特고
임 마 기 특

참기탈고(攙旗奪鼓) 깃발과 북을 빼앗아 버림. 옛날 전쟁에서는 군사를 움직일 때 싯발과 북으로 했음. 그러므로 깃발과 북을 뺏았았다는 것은 상대를 항복 받았다는 뜻. 여기서는 그런 실력을 갖춘 선지식을 가리킴,

좌단(坐斷) 앉아서 결단함. 곧바로 해결함. 완전히 제압함.

효와(諸訛) 갈등을 불러일으키는 궤변.

만기(萬機) 모든 솜씨. 모든 기략(機略). (기략 – 상황에 알맞게 문제를 잘 찾아내고 그것을 잘 처리할 수 있는 지혜.)

깃발을[旗] 뺏고[攙] 북을[鼓] 빼앗으니[奪] 일천의 성인도[千聖] (그를) 알지[窮] 못하고[莫], 모든 궤변을[譎訛] 곧바로 제압해 버리니[坐斷] 모든 기략이[萬機] 미치지 못한다[不到].

(하지만 이것은) 신통묘용[神通妙用]도 아니고[不是] 또한[亦] 본체의[本體] 그러함도[如然] 아니다[非].

자 말해보라[且道]. 이[箇] 무엇을[什麼] 의지했기에[憑] 이러한[恁麼] 기특함을[奇特] 얻었을까[得]?

 **松江**

상대의 모든 것을 파악하고 꼼짝 못 하게 할 역량이 있는 이라면 모든 성현이 와도 그를 어쩌지 못할 것이다. 자신이 주인공이 되어 자유자재한 사람을 누가 어쩌겠는가. 그런 사람은 지식도 논리도 통하지 않고 함부로 하다간 혼만 날 것이니, 온갖 방법 동원하느라고 애쓸 것 없다.

사실 이러한 것은 깨달은 이라면 누구나 가능한 것이라서, 신통묘용이라고 할 것도 없고, 본래부터 특별하게 갖춘 것도 아니다. 그저 일상의 삶일 뿐이다.

자, 이 사람은 무엇으로 인해서 이처럼 될 수 있었을까?

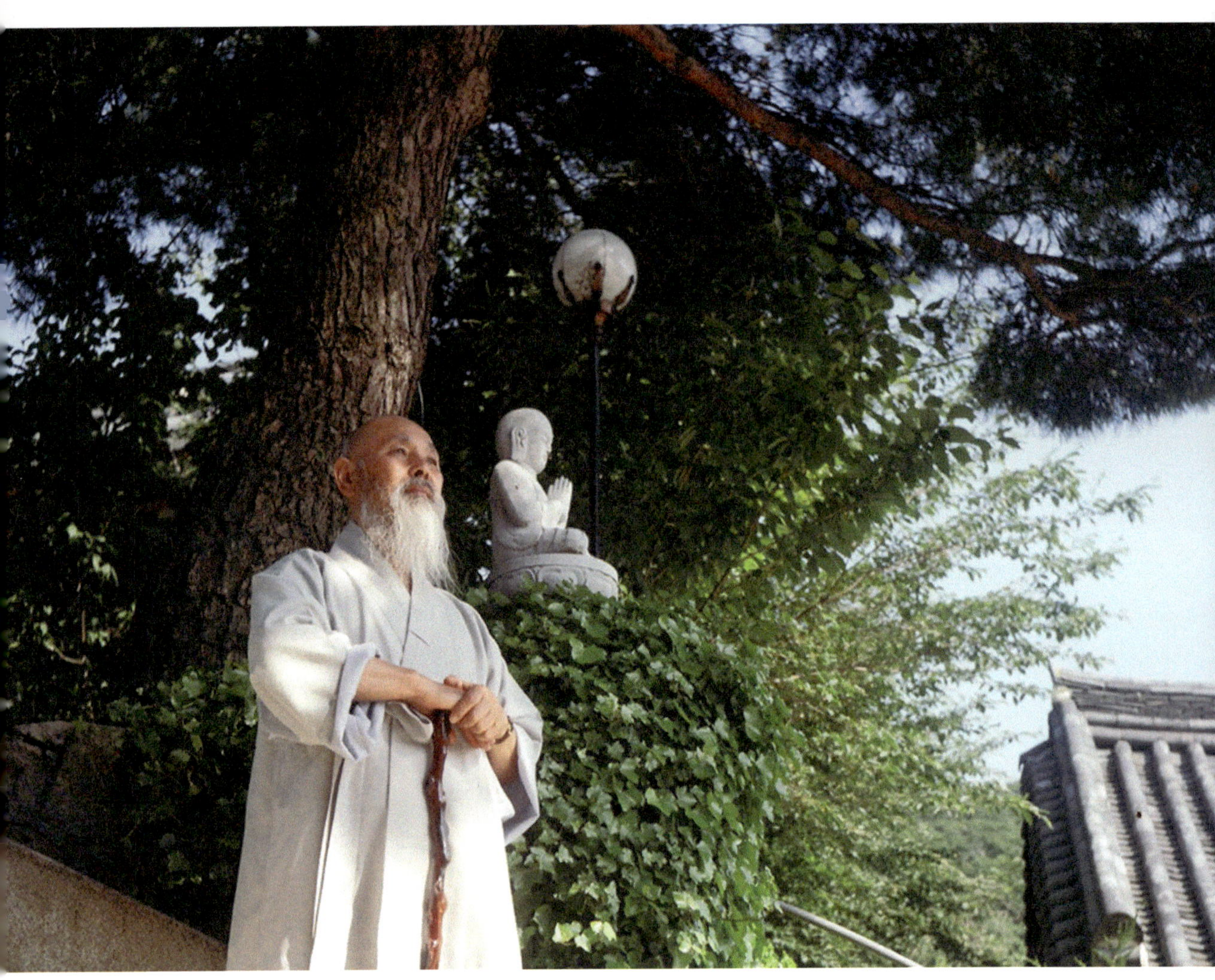

한산 화엄(寒山華嚴)선사
모든 것을 다 품어도 자유로웠던 분
그러나 그의 진면목을 아는 이는 흔치 않았다
생시의 모습을 제자 송강이 촬영한 것

本則

擧 僧問藥山호대 平田淺草에 麀鹿이
거 승문약산　　평전천초　　주록

成群하니 如何射得麈中麈닛고 山云
성군　　여하사득주중주　　산운

看箭하라 僧放身便倒어늘 山云 侍者야
간전　　승방신변도　　산운 시자

拖出這死漢하라 僧便走하니 山云
타출저사한　　승변주　　산운

弄泥團漢이 有什麼限이리오
농니단한　유십마한

雪竇拈云 三步雖活이나 五步須死니라
설두념운 삼보수활　　오보수사

평전(平田) 중국 천태산(天台山)의 평전사(平田寺)로 약산선사께서 주석하신 곳.

주중주(麈中麈) 큰사슴 가운데 큰사슴. 큰사슴의 왕.

타출(拖出) 끌어내다.

농니단한(弄泥團漢) 진흙덩어리를 가지고 노는 놈.

본칙

이런 얘기가 있다[擧].

　한 스님이[僧] 약산선사께[藥山] 여쭈었다[問]. "평전사의[平田] 들판에[淺草] 크고 작은 사슴이[塵鹿] 무리를 이루었는데[成群], 어떻게[如何] 큰 사슴 가운데서도 왕을[塵中塵] 쏘아 맞출 수 있습니까[射得]?"

약산선사께서[山]　말씀하셨다[云]. "화살을 보아라[看箭]."

그 스님이[僧] 몸을 던져[放身] 곧바로 쓰러졌다[便倒].

약산선사께서[山]　말씀하셨다[云]. "시자야[侍者]! 이[這] 죽은 놈을[死漢] 끌어내어라[拖出]."

그 스님이 바로 도망쳐 버렸다[僧便走].

약산선사께서[山] 말씀하셨다[云]. "진흙덩어리를 가지고 노는 놈이[弄泥團漢] 어찌[什麼] 끝이[限] 있으랴[有]."

설두선사께서[雪竇] 이 얘기를 하고는[拈] 덧붙였다[云]. "세 걸음은[三步] 비록 살지라도[雖活] 다섯 걸음에는[五步] 반드시 죽을 것이다[須死]."

松江

머리 좋은 한 스님이 약산선사를 시험하려 한다. 그래서 비유를 들어 공격을 개시했다.

"스님께서 계신 이 평전사의 풀밭에는 크고 작은 사슴이 참 많군요. 그런데 사슴 가운데서도 왕이 되는 놈을 어떻게 쏘아 맞출 수 있습니까."

이 물음은 부처님께서 말씀하신 독존(獨尊)의 자리를 어떻게 하면 깨달을 수 있겠느냐는 것이다. 제법 호기를 보인 것이지만, 선지식 앞에서는 잔꾀를 부리는 정도에 불과한 것을 어쩌랴. 이 치기어린 질문에 약산선사께서는 곧바로 화살을 쏘아 보냈다.

"자 화살을 봐라!"

이 멋진 선물을 받고도 독존(獨尊)의 자리에는 이르지도 못하고 송장이 되어 나동그라지다니… 쯧쯧! 이 어설픈 속임수를 눈감아준다면 자비로운 선지식이라고 할 수 없다.

"이 송장을 치워라!"

이 자비로운 말씀을 듣고도 도망이나 치다니…. 하긴 선사의 몽둥이 단련을 받을 정도였다면 어설픈 놀이를 시작했겠는가.

　"진흙덩어리를 보배처럼 가지고 노는 놈이 어찌 깨달음에 이르겠는가."

　선사의 안타까움은 눈물겹다. 하지만 도망을 치는 놈은 부끄러움을 아니 그나마 나은 편이다. 세상에는 썩은 흙덩이를 보배라고 자꾸 바꿔가며 내미는 놈들이 너무나 많다.

　이 얘기를 끝내면서 설두스님께서 한 마디 보태셨다.

　"세 걸음이야 도망가겠지만 다섯 걸음 안에 죽는다."

　진짜로 죽기만 한다면야 자비로운 가피를 받은 셈이겠지만, 과연 그럴 수 있을까?

약산 유엄(藥山惟儼, 745~828)
선사의 상

석두 희천(石頭希遷, 700~790)
선사의 상

頌

塵中塵_를 君看取_{하라}
주 중 주　군 간 취

下一箭_{하니} 走三步_라
하 일 전　주 삼 보

五步若活_{인댄} 成群趁虎_라
오 보 약 활　성 군 진 호

正眼從來付獵人_{이니라}
정 안 종 래 부 렵 인

(頌後)

雪竇高聲云 看箭_{하라}
설 두 고 성 운 　간 전

큰사슴 가운데 왕을[麈中麈] 그대여 보라[君看取].

화살 하나를[一箭] 쏘니[下] 세 걸음[三步] 달아나네[走].

다섯 걸음에[五步] 만약[若] 살아있었다면[活]

무리 지어[成群] 호랑이를 [虎] 쫓았으련만[趁].

밝은 눈은[正眼] 처음부터[從來] 사냥꾼에게 있었다네[付獵人].

(게송을 읊고 난 뒤에)

설두스님이[雪竇] 큰소리로 외쳤다[高聲云].

"화살을 보라[看箭]!"

松江

큰사슴 가운데 왕을 그대여 보라.
화살 하나를 쏘니 세 걸음 달아나네.

큰사슴 가운데 왕을 보기나 했던가. 보아야 쏘아 맞추지.
다행히 큰사슴의 왕도 보고 쏠 줄 아는 이가 있었구나. 그러
나 어쩌랴 자신은 사슴의 왕을 자처했으나 화살에 맞아 쓰러
지는 꼴이라니. 송장을 끌어내라 호통치니 곧바로 달아나는
구나. 그러나 겨우 세 걸음 도망가는 솜씨일 뿐이다.

다섯 걸음에 만약 살아있었다면
무리 지어 호랑이를 쫓았으련만.

그가 만약 큰사슴 가운데 왕의 능력을 지녔고 화살을 능히
낚아챌 수 있었다면, 풀밭의 모든 사슴 무리들을 이끌고 호
랑이를 쫓았으련만……. 그저 안타까울 따름이다.

밝은 눈은 처음부터 사냥꾼에게 있었다네.

스스로 큰사슴 가운데 왕임을 과시하려는 사슴은 그저 평범한 눈이었을 뿐이니, 사냥꾼의 밝은 눈을 어찌 감당할 수 있었겠는가.

설두스님이 큰소리로 외쳤다. "화살을 보라!"

설두 노인네가 또 한 번 노파심을 드러내는구나.
"화살을 보라!"

인도 사르나트 사슴 동산(녹야원)
여기 사슴과 큰사슴과 사슴왕과 사냥꾼이 있으니, 어디에서 찾을 수 있을까

松江

설두스님께서 선택한 여든두 번째 얘기는 대룡(大龍)선사와 어느 스님의 문답이다.

대룡선사는 송대(宋代)의 선승으로 생몰연대는 미상이다. 법명은 지홍(智洪)스님이다. 설봉 의존(雪峰義存, 832~908)선사의 제자인 백조 지원(白兆志圓)의 법제자로 호남성 상덕부(常德府)에 있는 대룡산(大龍山)에 주석했기에 대룡선사라고 한다.

누가 "어떤 것이 부처입니까?(如何是佛)"하고 물었더니 "그대가 부처지(卽汝是)"라고 답했고, "어떤 것이 미묘한 것입니까?(如何是微妙)"하고 물었더니 "바람이 물소리를 베갯머리에 보내주고(風送水聲來枕畔) 달이 산 그림자를 옮겨 침상에 이르게 하네(月移山影到牀邊)."라고 답했다. 이 본칙의 문답이 가장 유명하다.

시호는 홍제선사(弘濟禪師)이다.

垂示

竿頭絲線은 具眼方知요 格外之機는
간 두 사 선　　　구 안 방 지　　　격 외 지 기

作家方辨이라 且道하라 作麼生이 是竿
작 가 방 변　　　차 도　　　자 마 생　　　시 간

頭絲線이며 格外之機오 試擧看하라
두 사 선　　　격 외 지 기　　　시 거 간

간두사선(竿頭絲線) 장대 끝의 명주실오라기. 낚싯대의 낚싯줄.

수시

낚싯대의 낚싯줄은[竿頭絲線] 눈 밝은 자라야[具眼] 알 수가 있고[方知], 격식을 벗어난 훌륭한 솜씨는[格外之機] 뛰어난 선지식이라야[作家] 밝힐 수 있다[方辨].

자 말해보라[且道]. 어떤 것이[作麼生] 이에[是] 낚싯대의 낚싯줄이며[竿頭絲線] 격식을 벗어난 뛰어난 솜씨인가[格外之機].

다음의 얘기를 살펴보자[試擧看].

 **松江**

　낚싯대를 드리우고 미끼를 던지면 눈 어둔 물고기는 낚싯줄과 바늘을 미처 모르고 덥석 물고 만다. 하지만 낚싯줄과 바늘을 아는 눈 밝은 물고기라면 웃고 지나가거나 미끼만 따먹고 만다. 선지식이 교묘한 솜씨로 함정을 파 놓아도 안목을 갖춘 수행자는 단번에 알고 훌쩍 건너뛴다.

　팔만대장경에도 없고 일상의 법도에도 그 예를 찾아볼 수 없는 언어와 행위를 하는 이가 있다면 과연 누가 그를 알아볼 수 있을까? 능히 인간과 천상의 스승이 될 수 있는 이가 있다면 능히 그 솜씨를 간파할 것이다.

　그렇다면 교묘한 함정은 어떠한 것이며 틀을 벗어난 솜씨는 또 어떠한 것인가.

관음보살은 한 마디 말 않고 다 설명하고, 남순동자는 한 구절도 듣지 않고 다 알아듣는다

擧 僧問大龍호대 色身은 敗壞어니와 如
거 승문대룡　　색신　패괴　여

何是堅固法身이닛고 龍云 山花開似錦
하시견고법신　룡운 산화개사금

이요 澗水湛如藍이로다
　간수잠여람

이런 얘기가 있다[舉].

한 스님이[僧] 대룡선사께[大龍] 여쭈었다[問].

"물질로 된 몸이야[色身] 부서지고 무너지거니와[敗壞] 어떤 것이[如何是] 견고한[堅固] 진리의 몸입니까[法身]?"

대룡선사께서[龍] 말씀하셨다[云]. "산꽃은[山花] 피어[開] 비단[錦] 같고[似], 계곡물은[澗水] 맑아[湛] 쪽빛[藍] 같구나[如]."

松江

깨달음에 목마른 스님들은 언제나 의심하고 질문을 던진다. 여기 등장한 스님도 그러했을 것이다. 그래서 배운 것을 토대로 선사께 질문을 던졌다. "육신은 인연 따라 만들어졌다가 사라져 갈 뿐이지만, 법신은 견고하여 허물어지지 않는다고 했는데 도대체 그 법신이란 것이 어떤 것입니까?" 배운 대로 질문을 했으니 참 모범적인 스님이다. 하지만 배우면서 한눈을 팔았던 것이 분명하다. 그랬기에 색신은 부서지고 무너지는 것이고 법신은 견고해서 무너지지 않는다고 들은 것이리라.

대룡스님은 참으로 멋진 선사시다. 배우는 사람이 두 쪽을 들고 와서 진위를 가려달라고 부탁을 했는데, 순식간에 귀신 같은 바느질 솜씨를 발휘하여 하나로 만들어 버렸다. 그 귀신같은 바느질 솜씨를 구경해 보자. "산에 피는 꽃들은 비단처럼 아름답고 계곡을 흐르는 물은 너무나 맑아 차라리 쪽빛이다."

아~ 뉘라서 이 소식을 알까!

홍차의 시원지 동목촌 개울

問曾不知니 答還不會로다
문 증 부 지　　　답 환 불 회

月冷風高어늘 古巖寒檜로다
월 냉 풍 고　　　고 암 한 회

堪笑路逢達道人이면
감 소 로 봉 달 도 인

不將語默對로다
부 장 어 묵 대

手把白玉鞭하고
수 파 백 옥 편

驪珠盡擊碎로다
이 주 진 격 쇄

不擊碎하면 增瑕類라
불 격 쇄　　　증 하 류

國有憲章하니 三千條罪로다
국 유 헌 장　　　삼 천 조 죄

달도인(達道人) : 깨달은 사람. 성인.

노봉달도인(路逢達道人) 부장어묵대(不將語默對) 당대(唐代) 위산 영우선사의 법제자인 향엄 지한(香嚴智閑, ?~898)선사의 게송에서 가져온 것.

　　적적무겸대(的的無兼帶)어니
　　독운하의뢰(獨運何依賴)리요
　　노봉달도인(路逢達道人)하면
　　부장어묵대(不將語默對)라
　　분명하고 분명하여 짝할 것이 없으니
　　홀로 움직임에 어찌 의지를 하겠는가.
　　길에서 깨달은 이를 만난다면
　　말이나 침묵으로 대하지 않는다네.

이주(驪珠) 이룡(驪龍)의 구슬. 즉 검은 용이 턱밑에 지녔다는 여의주.

하류(瑕纇) 옥(玉)의 티와 실의 매듭. 즉 허물, 잘못된 것. 실책 등.

헌장(憲章) 헌법의 전장. 법률.

삼천조죄(三千條罪) 삼천의 조목에 해당되는 죄.

질문하는 방법을[問] 이미[曾] 몰랐으니[不知]
답에 대해서도[答] 또한[還] 알지[會] 못하네
[不].
달은[月] 차갑고[冷] 바람은[風] 드높은데[高]
오래된[古] 바위에[巖] 차가운[寒] 노송나무여
[檜].
참 우습다[堪笑], 길에서[路] 깨달은 이[達道
人] 만나면[逢]
말로도[語] 침묵으로도[默] 대하지[對] 않는다
니[不將].
손에는[手] 백옥의[白玉] 채찍을[鞭] 쥐고[把]
검은 용의 여의주를[驪珠] 다[盡] 부숴버렸네
[擊碎].

부숴버리지[擊碎] 않는다면[不] 허물만[瑕類]

더하리라[增].

나라에는[國] 국법이[憲章] 있나니[有]

삼천 가지[三千] 조목의[條] 죄라네[罪].

 **松江**

질문하는 방법을 이미 몰랐으니

답에 대해서도 또한 알지 못하네.

부서지는 색신과 견고한 법신이라는 두 가지에 떨어진 질문이라니, 그 허물이 큰 줄도 모르고 질문을 하였구나. 이미 질문부터 어긋나 버렸는데, 대룡선사의 멋들어진 답인들 어찌 알아들을 리가 있겠는가.

달은 차갑고 바람은 드높은데

오래된 바위에 차가운 노송나무여.

"산꽃은 피어 비단 같고[山花開似錦], 계곡물은 맑아 쪽빛 같구나[澗水湛如藍]."라고 답한 대룡선사의 경지를 알겠는가? "달은 차갑고 바람은 드높은데, 오래된 바위에 차가운 노송나무여."

설두 노인네가 신바람이 나셨구먼. 하긴 그렇지 않겠는가. 대룡선사의 이 멋들어진 답을 들었으니. 비록 어쭙잖은 질문을 받더라도, 선지식은 항상 할 바를 다하는 법이지. 질문한 자가 그저 아득하니, 설두 노인네가 대신 춤을 추고 있구나.
여기 누군가 입을 열어 논하려 들면, 그 즉시 달도 바람도 모
습을 감추고 말리라.

참 우습다, 길에서 깨달은 이 만나면
말로도 침묵으로도 대하지 않는다니.
깨달은 사람을 대할 때는 말로도 대해선 안 되고 침묵으
로 대해도 안 된다. 모름지기 툭 터진 경지라야 서로 보고 빙
긋 웃을 수 있으리라. 하지만 이 말도 어째 목에 힘이 들어간
것이 아닌가. 대룡선사의 “산꽃은 피어 비단 같고[山花開似
錦], 계곡물은 맑아 쪽빛 같구나[澗水湛如藍].”라고 한 이 멋
들어진 답에는 미칠 수가 없구나.

손에는 백옥의 채찍을 쥐고
검은 용의 여의주를 다 부숴버렸네.
대룡선사의 답은 마치 백옥의 채찍과 같다. 그 채찍에 맞
으면 무엇인들 무사하겠는가. 비록 질문이 날카로운 것 같
으나 이미 허물을 범하였으니 재주를 부리는 검은 용의 구

슬 같구나. 무슨 견고한 법신 따위란 말이냐. 투명하여 보이지도 않는 대룡선사의 "산꽃은 피어 비단 같고[山花開似錦], 계곡물은 맑아 쪽빛 같구나[澗水湛如藍]."라고 한 백옥의 채찍 앞에 산산이 부서지고 마는구나.

부숴버리지 않는다면 허물만 더하리라.

설두 노인네가 노파심을 드러내었다. 선지식이란 때로는 스스로 허물을 짓기도 하는 법이다. 만일 대룡선사가 본칙처럼 부숴버리지 않고 법신이란 어떤 것이라는 등 설명하기 시작했다면, 아마도 진펄 속으로 들어가고 말았을 것이다.

나라에는 국법이 있나니
삼천 가시 조목의 죄라네.

대룡선사께서 멋진 일갈을 던지지 않았다면 불조의 등불이 위태로울 뻔하였다. 그러니 그보다 더 큰 허물이 어디 있으랴. 지옥의 온갖 형벌이 멀리 있는 것이 아니다.

중국 오대산 남대(南臺)의 연화장세계
법당에 모셔진 온갖 지장보살상이 어찌 여기에 미치랴

제83칙

운문고불노주
(雲門古佛露柱)

운문선사의 고불과 노주

松江

설두스님께서 선택한 여든세 번째 얘기는 운문(雲門)선사의 법문이다.

운문선사에 대한 설명은 제77칙을 볼 것.

擧 雲門이 示衆云 古佛與露柱相交
거 운문　시중운　고불여노주상교

하니 是第幾機오 自代云 南山起雲터니
시제기기　자대운　남산기운

北山下雨로다
북산하우

고불(古佛) 오래된 불상.

노주(露柱) 벽에 있는 기둥이 아닌 법당 안에 드러나 있는 둥근 기둥.

제기(第幾) 몇 번째.

기(機) 기교, 계기, 작용, 단계.

본칙

이런 얘기가 있다[擧].

운문선사께서[雲門] 대중들에게 말씀하셨다[示衆云].

"(법당 안의) 오래된 불상과 드러나 있는 기둥이[古佛與露柱] 서로 어울리는데[相交] 이것이[是] 몇 번째의 단계일까[第幾機]?"

(아무도 말이 없자) 스스로[自] (대중을) 대신하여[代] 말씀하셨다[云].

"남산에[南山] 구름이[雲] 일어나니[起], 북산에[北山] 비가[雨] 내리도다[下]."

松江

　법당에 들어가면 불상도 있고 기둥도 있고 대들보도 있고 신중단도 있다. 참 잘 어울린다. 이 어울림이 어느 정도의 경지란 말인가?

　운문스님은 참 자비롭다. 아니다. 참으로 무자비하다. 석가세존 꽃 드시고 가섭존자 미소 지음에 어떤 내통이 있었을까? 달마조사와 혜가스님 간에는 또 어떤 밀약이라도 있었던 것일까? 사람들은 오늘도 여전히 석가세존이 어떻고 가섭존자가 어떠하며 달마도 어쨌으며 혜가가 어쨌는지를 힘주어 말하고 주장한다. 그 모든 주장들이 한편의 코미디임을 알겠는가?

　운문선사의 이 뜬금없는 질문에 모두 머리를 굴리느라고 바쁘고, 손가락 꼽아보느라고 분주하다. 그 찰나 간에 운문선사의 무자비한 보검이 목을 지나고 있음을 누가 알리요.

　하지만 운문선사는 참 자비롭다. 오매불망 무명(無明)을 깨뜨려주시려고 노고를 아끼지 않으신다.

"남산에 구름 일어나니 북산에 비가 내리네." 이 자비의 베풂을 아직도 분별하고 있다면 참으로 둔하고 둔하다. 궁금한가? 무슨 뜻인지를 구름과 비에게 물어보라.

벽돌과 풀과 빗물은 무슨 대화를 나누었을까

南山雲 北山雨여
남 산 운 북 산 우

四七二三面相覩라
사 칠 이 삼 면 상 도

新羅國裏曾上堂이어늘
신 라 국 리 증 상 당

大唐國裏未打鼓로다
대 당 국 리 미 타 고

苦中樂 樂中苦여
고 중 락 낙 중 고

誰道黃金如糞土오
수 도 황 금 여 분 토

사칠(四七) 인도의 28 조사님들.

이삼(二三) 중국의 여섯 조사님.

상당(上堂) 사찰의 최고 어른 스님이 법당에 올라 법문을 하거나 선문답을 하는 것.

타고(打鼓) 큰절에서 대중을 운집시키는 방법으로 상황에 따라 목탁, 종, 북을 치게 된다. 여기서는 법회를 알리는 신호.

수도황금여분토(誰道黃金如糞土) 원오 극근선사의 '평창(評唱)'에 따르면 선월(禪月)스님의 '행로난(行路難: 길을 가는 어려움)'이라는 시에서 인용한 것. '행로난'의 내용은 다음과 같다.

산고해심인불측(山高海深人不測)이며
고왕금래전청벽(古往今來轉靑碧)이로다
산 높고 바다 깊어 사람이 측량할 수 없는데
예로부터 지금까지 푸름을 더해 가네.
천근경부막여교(淺近輕浮莫與交)하라
지비지해생형극(地卑只解生荊棘)이니라
천박하고 경솔한 자와는 사귀지 말게,
땅이 거칠면 가시덤불만 나는 것이라네.
수도황금여분토(誰道黃金如糞土)오
장이진여단소식(張耳陳餘斷消息)이로다
누가 황금이 똥과 같다고 말했는가,
장이와 진여는 소식이 끊겼다네.
행로난(行路難) 행로난(行路難)이여 군자간(君自看)하라
가는 길 어려움이여, 가는 길 어려움이여! 그대 스스로 살펴보라!

남산의 구름[南山雲] 북산의 비여[北山雨]!

인도 중국 모든 조사가[四七二三] 만나서[面]
서로 보네[相覷].

신라 나라에서는[新羅國裏] 이미[曾] 법회 중인
데[上堂],

당나라에서는[大唐國裏] 북도[鼓] 치지[打] 않
았구나[未].

괴로움 가운데 즐거움[苦中樂], 즐거움 가운데
괴로움[樂中苦],

누가[誰] 황금이[黃金] 똥과 같다고[如糞土] 말
했는가[道].

松江

남산의 구름 북산의 비여!

인도 중국 모든 조사가 만나서 서로 보네.

남산에 구름 일고 북산에서 비 오는 도리를 뭐라고 다시 덧붙여 표현하랴. 이보다 더 멋진 답을 누가 할 수 있으리오. 모든 조사님들이 만나면 무슨 얘기를 할까? 궁금하다면 조사님들을 만나보라. 그러나 괜스레 남산 북산을 오가며 힘 **빼**는 일은 하지 말 것.

신라 나라에서는 이미 법회 중인데,

당나라에서는 북도 치지 않았구나.

신라의 법회와 당나라의 대중을 모음이 모슨 상관이람. 달마 영감도 부질없이 먼 길을 오셨고, 혜가스님은 괜스레 팔을 잘랐구나. 비록 그것이 거룩하기는 하나 집안의 전통으로 삼을 필요 있겠는가.

괴로움 가운데 즐거움, 즐거움 가운데 괴로움,

어떤 이는 동방에서 껄껄대고 웃는데, 어떤 이는 서방에서

땅을 치고 우는구나. 괴로움과 즐거움이 어디에 있는지를 살펴보라. 둘이 무슨 관계가 있겠는가.

누가 황금이 똥과 같다고 말했는가.

이 구절은 주석에서 살폈듯이 장이(張耳)와 진여(陳餘)에 대한 얘기와 관계가 있다.

둘은 전국시대 조(趙)나라 사람이었다. 둘은 목이 달아나도 변치 않을 것 같은 친구지간이었다. 사람들은 둘의 관계에 비하면 황금도 오히려 똥과 같다고 말하곤 했다. 뒷날 정치적 격변 속에서 둘은 적이 되고 말았다. 장이는 유방을 섬겼고, 진여는 조왕을 옹립하여 대립하게 되었다. 진여는 장이를 무너뜨리고 조나라의 대왕(代王)이 되었다. 후에 장이가 한나라에 투항하여 조나라를 멸망시켰고, 진여를 죽이고 조나라의 왕에 봉해졌다. 둘의 관계는 결국 똥보다도 못한 관계로 끝나버린 것이다.

진리를 논함에는 범부의 정이나 의리나 관념 따위가 붙어서는 안 된다. 그런 것을 떠나서 보면 구름과 비와 오래된 불상과 법당의 기둥이 제대로 보일 것이다.

라다크 왕국의 수도였던 레의 밤 풍경
별과 산과 도시는 얼마나 친할까

松江

설두스님께서 선택한 여든네 번째 얘기는 『유마경(維摩經)』제9 입불이법문품(入不二法門品)의 한 부분이다.

유마거사가 병이 났다는 소식을 들은 부처님께서는 문수보살을 위시한 많은 대중을 바이샬리의 유마거사 집으로 보냈다. 비록 사방 1장 즉 열 자(약 3.3m) 정도의 작은 방이었지만 모든 대중이 넉넉하게 다 들어갈 수 있었다. (방장方丈이라는 말이 여기에서 생김) 여러 가지 얘기를 나누던 차에 유마거사가 "어떻게 하면 불이(不二)의 법문에 들어갈 수 있겠습니까?"하고 질문을 하였다. 참석한 많은 보살들의 답을 들은 후, 이윽고 유마거사와 문수보살의 문답이 이어졌다. 본칙은 바로 그 부분이다.

垂示

道是라도 是無可是요 言非라도 非無可
도시　　시무가시　　언비　　비무가

非라 是非已去하고 得失兩忘하면 淨躶
비　시비이거　　득실양망　　정라

躶赤灑灑라 且道하라 面前背後에 是什
라적쇄쇄　차도　　면전배후　시십

麼오 或有箇衲僧이 出來道호대 面前은
마　혹유개납승　출래도　　면전

是佛殿三門이요 背後는 是寢堂方丈이
시불전삼문　　배후　시침당방장

라하면 且道하라 此人이 還具眼也無아 若
차도　　차인　환구안야무　약

辨得此人인댄 許儞親見古人來하리라
변득차인　허이친견고인래

정라라(淨躶躶) 깨끗하게 다 벗어버림.

적쇄쇄(赤灑灑) 확실하게 다 씻어버림.

불전(佛殿) 사찰에서 부처님상을 모신 전각.

삼문(三門) ① 교학에서의 상징인 깨달음(法空·涅槃)으로 들어가는 3가지 해탈문(解脫門), 즉 공해탈문(空解脫門), 무상해탈문(無相解脫門), 무작해탈문(無作解脫門). ② 사찰의 건축적 측면에서 일주문, 천왕문, 불이문(혹은 금강문).

침당(寢堂) 중국에서는 침상(寢牀)이 있는 건물로 주지스님의 거처를 가리킴.

방장(方丈) 중국에서는 주지스님의 집무실. 사방으로 1장(丈)이 되는 방.『유마경』에서 나온 말. 유마거사(維摩居士)가 병이 들었을 때 그가 거처했던 사방 1장의 방에 문병 온 모든 이들을 앉게 했다는 데서 방장(方丈)이라는 말을 쓰기 시작했음.

수시

옳다고[是] 말해도[道] '옳다'에는[是] 옳다고 할 만한 것이[可是] 없고[無], 그르다고[非] 말해도[言] '그르다'에는[非] 그르다고 할 만한 것이[可非] 없다[無]. 옳고 그름을[是非] 버리고[已去] 얻음과 잃음[得失] 모두[兩] 잊으면[忘] 깨끗이 벗게 되고[淨躶躶] 확실하게 씻게 된다[赤灑灑].

자, 말해보라[且道]! 앞과[面前] 뒤는[背後] 이 무엇인가[是什麼]? 혹[或] 어떤[有] 한[箇] 수행자가[衲僧] 나와서[出來] "앞은[面前] 바로[是] 불전과[佛殿] 삼문이며[三門], 뒤는[背後] 바로[是] 침당과[寢堂] 방장이다[方丈]"고 말한다면[道] 자, 말해보라[且道]. 이 사람이[此人]

정말[還] 안목을 갖춘 것일까[具眼也無]? 만약
[若] 이 사람을[此人] 밝힐 수[辨] 있다면[得],
그대가[儞] 옛 사람을 친견했다고[親見古人來]
하겠다[許].

 松江

　세상의 모든 것이 얼핏 보면 상대적인 모습을 보이는 듯하고, 사람들 또한 상대적인 잣대로 세상을 재단하려고 한다. 하지만 그 상대적인 모습이 본디 둘이 따로 있다가 만난 별개의 것이 아니다. 사람들의 상대적인 판단 또한 어떤 기준을 세운 후에 만들어지는 것이다. 빈부, 행불행, 장단, 명암, 선악 등으로 세상을 바라보려고 하면 근본자리는 보이지 않는다. 그러므로 근원적인 세계를 깨닫고자 한다면 그 두 가지로부터 완전히 자유로워져야만 한다. 그 근원이 만일 자신의 본성이라면, 시비분별하고 손익계산을 하는 동안에는 결코 만날 수 없다. 그 모든 것을 그만둘 때, 비로소 진공묘유(眞空妙有)니 확연무성(廓然無聖)이니 사고무인(四顧無人)이니 하는 경지에 서게 되는 것이다.

　불교의 가르침에는 무수한 교리체계가 있다. 이 교리라는 것이 모두가 병(病)을 치유하기 위한 처방전에 불과하다. 언제나 병을 바로보고 잘 치유하여 건강을 회복하는 데 목적이 있다. 그러니 어느 처방이 뛰어나다느니 혹은 더 옳으니 따질 것이 없다. 그러는 사이에 병만 더 깊어진다. 같은 병이라도 사람마다 각기 처방이 달라진다. 사람이 다르기 때문이다. 체질이 다르고 습관이 다르고 모든 것이 다르기에 어떤 이에게 맞는 처방이 다른 이에게는 효과가 없는 것이다. 그러므로 처방전을 보물로 여길 것이 아니라 건강한 상태로 돌아감을 소중히 생각해야 한다.

건강을 완전히 회복한 상태인 깨달음에 대한 표현 또한 가지각색이다. 하지만 깨닫지 못한 사람에게는 그 모든 표현이 부질없는 것이다. 만약 스스로 깨달은 이라면 그 모든 표현이 모두 같은 것임을 안다. 그러니 깨닫지 못한 상태에서 깨달음에 대한 표현들을 외워 자랑할 것 없다. 모두 눈병이 있는 자가 보는 허공의 꽃일 뿐이기 때문이다.

문만 밝다는 것은 문을 열지 않았다는 것이며 안도 바깥도 잘 보지 못하
고 있다는 뜻이다

本則

擧 維摩詰이 問文殊師利호대 何等이 是
거 유마힐 문문수사리 하등 시

菩薩入不二法門이닛고 文殊曰 如我意
보살입불이법문 문수왈 여아의

者는 於一切法에 無言無說하며 無示無
자 어일체법 무언무설 무시무

識하야 離諸問答이 是爲入不二法門이니
식 이제문답 시위입불이법문

다 於是에 文殊師利問維摩詰호대 我等
어시 문수사리문유마힐 아등

이 各自說已하니 仁者當說하소서 何等이
각자설이 인자당설 하등

是菩薩入不二法門이닛고 雪竇云 維摩
시보살입불이법문 설두운 유마

道什麼오 復云 勘破了也라
도십마 부운 감파료야

이런 얘기가 있다[擧].

유마힐거사가[維摩詰] 문수사리보살에게[文殊師利] 물었다[問]. "어떤 것이[何等] 곧[是] 보살이[菩薩] 둘 아닌 진리의 문에[不二法門] 들어가는 것입니까[入]?"

문수보살이[文殊] 답하였다[曰]. "내 생각으로는[如我意者] 모든 존재란[於一切法] 말로 설명할 수가 없고[無言無說], 진실을 보일 수가 없고[無示] (그 본질을 알음알이로) 알 수도 없어서[無識], 어떤 종류의 문답도 초월한 것이[離諸問答] 곧[是] 둘 아닌 진리의 문에[不二法門] 들어가는 것이[入] 됩니다[爲]."

이번에는[於是] 문수사리보살이[文殊師利] 유마힐거사에게[維摩詰] 물었다[問]. "우리가[我等] 각자 설명했으니[各自說已] 거사님이[仁者] 말씀하시지요[當說]. 어떤 것이[何等] 곧[是] 보살이[菩薩] 둘 아닌 진리의 문에[不二法門] 들어가는 것입니까[入]?"

설두스님이 말했다[雪竇云]. "유마거사는 뭐라고 말할까[維摩道什麼]?" (설두스님이) 다시 말했다[復云]. "파악해 버렸다[勘破了也]."

　어느 한쪽에 치우친 이들에게 가차 없이 그 잘못을 나무라던 유마거사가 병을 핑계로 꼼짝을 하지 않으니, 문수보살을 필두로 보살들이 문병을 갔다.

　유마거사는 자신이 그토록 강조하던 치우침 없는 경지를 분명히 밝혀두고 싶었던 모양이다. 하긴 얼마나 많은 이들이 부처님의 가르침을 두고 언어의 표현에 치우쳐 그 본질을 등졌던가. 그래서 대승보살들에게 '둘 아닌 진리의 문에 드는 것'에 대해 질문을 던졌다. 모든 보살들이 각자 설명을 했고, 마지막으로 문수보살이 설명을 했다. 하지만 이것은 사실 유마거사가 평소에 하던 얘기들이었다. 하지만 유마거사의 이 불이법문은 또 많은 오해를 불러일으켰다. 지금도 유마의 얘기 따윈 부처님의 가르침이 아니라고 언성을 높이는 이들이 또 얼마나 많은가. 그래서 유마는 병을 핑계로 자신의 불이법문을 확실히 하고자 한 것이다.

　문수보살의 설명은 언어의 극치를 보여준다. 이보다 명쾌한 설명은 문수보살이 아니면 불가능하다. 역할을 바꿨다면 유마거사도 이와 같은 설명을 했을 것이다. 아니 이미 『유마경』의 여러 곳에서 이와 같은 언어를 구사했었다. 하지만 언어는 완벽하지 않다.

본칙에서는 유마거사의 침묵이 언급되지 않았다. 대신 설두선사의 반문이 있다. "유마거사는 뭐라고 할까?" 그리고는 혼잣말처럼 한마디 한다. "파악해 버렸구나."

설두선사는 누구를 위해 이런 언급을 한 것일까?

한산당 화엄대선사의 달마도 진광불휘(眞光不輝)

咄 這維摩老여
돌 저 유 마 노

悲生空懊惱로다
비 생 공 오 뇌

臥疾毗耶離하니
와 질 비 야 리

全身太枯槁라
전 신 태 고 고

七佛祖師來하니
칠 불 조 사 래

一室且頻掃로다
일 실 차 빈 소

請問不二門하니
청 문 불 이 문

當時便靠倒라
당 시 변 고 도

不靠倒여 金毛獅子無處討로다
불 고 도　　금 모 사 자 무 처 토

돌(咄) 쯧쯧, 쳇 등으로 상대를 평하는 말.

비생(悲生) 중생을 가엾이 여김.『유마경』에서 유마거사가 '중생이 병이 들었기에 자기도 병들었다'고 한 내용을 가리킴.

비야리(毗耶離) 『유마경』에서 유마거사가 활동을 한 바이샬리(Vaisali).

칠불조사(七佛祖師) 문수보살. 과거칠불인 비바시불(毘婆尸佛)·시기불(尸棄佛)·비사부불(毘舍浮佛)·구류손불(拘留孫佛)·구나함불(拘那含佛)·가섭불(迦葉佛)·석가모니불(釋迦牟尼佛)을 도와 성불케 한 보살이라는 뜻.

금모사자(金毛獅子) 문수보살. 문수보살이 사자를 타고 다닌다고 해서 나온 말.

쯧쯧[咄], 이[這] 유마 늙은이여[維摩老]!

중생을[生] 가엾이 여겨[悲] 부질없이[空] 괴로
워하는구나[懊惱].

바이샬리에[毗耶離] 병들어[疾] 누웠으니[臥]

온몸이[全身] 비쩍 말랐네[太枯槁].

일곱 부처님의 조사가[七佛祖師] 온다 하니[來]

온 방을[一室] 서둘러[且] 급히[頻] 청소하였구
나[掃].

둘 아닌 진리 문 드는 것[不二門] 청하여[請]
묻자[問]

그때에[當時] 문득[便] 쓰러질 뻔했구나[靠倒].

쓰러지지 않았음이여[不靠倒]!

문수보살이라도[金毛獅子] 찾을 곳이[處討] 없
구나[無].

 **松江**

쯧쯧, 이 유마 늙은이여!
중생을 가엾이 여겨 부질없이 괴로워하는구나.

유마거사가 중생들이 병들어 있기에 자신도 병들었다고 한 핑계 삼은 방편을 간파하여, 설두 노인네가 측은하게 여김과 동시에 한번 후려치는 내용이다.

방편이란 아무리 뛰어나더라도 방편일 뿐이다. 남들이 거의 눈치를 챌 수 없도록 하기에 선교방편(善巧方便)이라고 하지만, 지혜로운 이는 곧바로 간파한다.

바이샬리에 병들어 누웠으니
온몸이 비쩍 말랐네.

유마거사의 중생의 병 핑계는 얼핏 한쪽에 치우친 듯하다. 만약 그렇다면 허물이 크다. 온몸이 비쩍 말랐다고 한 설두 스님은 무엇을 지적하고 있는가. 유마거사의 방편에도 떨어지지 말고 설두스님의 농담에도 떨어지지 않아야 할 것이다.

일곱 부처님의 조사가 온다 하니
온 방을 서둘러 급히 청소하였구나.

유마거사는 문수보살이 대중과 더불어 방문한다는 소식을 듣자 자신이 누워있는 침상을 제외한 모든 가구 등을 방에서 다 치워버렸다. 이것은 무엇을 뜻하는 것인가. 행여 많은 대중이 앉을 자리를 만들기 위해서라고 답한다면 목숨이 경각에 달린 줄을 알아야 한다. 그렇다면 남겨둔 침상은 또 무엇인가.

유마거사는 설법을 아주 많이 하였다. 그런 만큼 허물 또한 적지 않다. 천하의 문수보살이라면 그 허물을 그냥 넘어가진 않을 것이 분명하다. 그러니 오직 하나만 두고 깨끗이 흔적을 없애버린 것이다. 그 하나가 무엇일까? 침상이라는 잠꼬대는 하지 말 것.

둘 아닌 진리 문 드는 것 청하여 묻자
그때에 문득 쓰러질 뻔했구나.

유마거사는 선수를 칠 줄 알았다. 동급일 때에는 선수를
치는 이가 유리하다는 것쯤 누구나 아는 일 아닌가. 그래서
자신의 허물을 모든 보살들에게 떠넘겨 버린다. "무엇을 가
리켜 보살이 둘 아닌 진리의 문에 들어가는 것이라고 합니
까?" 문수보살에게까지 이 질문을 던진 것은 조금 과했다. 이
미 언어로 할 수 있는 표현은 문수보살이 다 해버린 것이다.
　하지만 동급일 때는 선수를 치는 것이 또한 약점이 되기도
한다. 문수보살은 말로 할 수 있는 최고의 표현을 한 후에 곧
바로 유마거사를 공격해 버렸다.
　"거사님께서는 무엇을 가리켜 보살이 둘 아닌 진리의 문
에 들어가는 것이라고 하겠습니까?"
　설두스님은 이것을 두고 "하마터면 유마가 쓰러질 뻔했
다."고 평했다.

쓰러지지 않았음이여!

문수보살이라도 찾을 곳이 없구나.

모든 보살이 유마거사의 질문에 답을 하면서 언어적인 모든 것은 다 썼지만, 오직 한 가지 남겨둔 것이 있었다. 그것은 석가모니께서도 즐겨 사용하셨던 방법이다. 이미 문수보살이 당도하기 전에 방 청소를 마친 유마거사가 아니던가. 거사는 또 한 번 그 방법을 사용했다. 자신이 지금까지 해 왔던 모든 허물을 싹 쓸어서 없애버린 것이다.

설두 노인네가 "찾을 곳이 없다"고 했는데, 참 적절한 표현이다. 그러나 한편 문수보살이 아니었더라면, 유마는 영영 그 모습을 드러내기 어려웠을 것이다.

일곱 부처님들은 무슨 얘기를 나누실까
중국 아미산 보국사 과거칠불 존상. 2013년 4월 1일 촬영

제85칙

동봉호성
(棟峰虎聲)

동봉의 호랑이 울음소리

설두스님께서 선택한 여든다섯 번째 얘기는 동봉암주(桐峰庵主)라는 스님과 어떤 스님의 문답이다.

원오(圜悟)선사의 '평창(評唱)'에서는 "대웅종파하(大雄宗派下) 즉 대웅봉(大雄峰)에 주석하셨던 백장(百丈)선사의 문하(門下)에 숨어 지낸 수행자인 네 암주(庵主)가 있었다. 즉 대매(大梅), 백운(白雲), 호계(虎溪), 동봉(桐峰)이 그들이다."고 설명하였다. 그러나 동봉암주에 대해 이밖에 알려진 기록이 없다.

把定世界_{하야} 不漏纖毫_{하니} 盡大地人_이
파정세계　　　불루섬호　　　진대지인

亡鋒結舌_은 是衲僧正令_{이요} 頂門放光
망봉결설　　시납승정령　　　정문방광

_{하야} 照破四天下_는 是衲僧金剛眼睛_{이요}
조파사천하　시납승금강안정

點鐵成金_{하며} 點金成鐵_{하야} 忽擒忽縱_은
점철성금　　점금성철　　　홀금홀종

是衲僧拄杖子_요 坐斷天下人舌頭_{하니}
시납승주장자　좌단천하인설두

直得無出氣處_{하야} 倒退三千里_는 是衲
직득무출기처　도퇴삼천리　시납

僧氣宇_라 且道_{하라} 總不恁麼時_는 畢竟
승기우　차도　총불임마시　필경

是箇什麼人_고 試擧看_{하라}
시개십마인　시거간

파정(把定) 한 손아귀에 움켜쥠. 빼앗아 버림.

섬호(纖毫) 아주 가는 털. 매우 작은 물건.

망봉결설(亡鋒結舌) 칼날을 없애고 혀를 묶어버림. 상대를 꼼짝 못 하게 함.

정령(正令) 바른 법령. 올바른 활동.

정문방광(頂門放光) 이마에서 빛을 놓음. 지혜의 안목을 펼침.

조파(照破) 부처님께서 지혜(智慧)의 빛으로 범부(凡夫)의 무명(無明)을 비치어 깨치는 일. 밝게 비춰 참모습을 낱낱이 간파함.

사천하(四天下) 사주(四洲)라고도 함. 전륜왕(轉輪王)이 거느리는 수미산(須彌山)의 사방에 있는 네 개의 큰 땅덩이. 동불바제(東弗婆提), 서구타니(西瞿陁尼), 남염부제(南閻浮提), 북울단월(北鬱單越). 온 우주.

금강안정(金剛眼睛) 금강의 눈동자. 지혜의 안목.

주장자(拄杖子) 법사가 법문을 할 때 활용하는 지팡이. 제자를 지도할 때도 사용함.

직득(直得) 곧바로. 당장.

출기(出氣) 말함.

기우(氣宇) 기개와 도량. 기상.

세계를[世界] 움켜쥐어[把定] 털끝만큼도[纖毫] 새어나가지 않게 하여[不漏], 온 누리의 사람들이[盡大地人] 공격도 못 하고[亡鋒] 말문을 닫게 하니[結舌], 이것은[是] 수행자의[衲僧] 올바른 법령이다[正令].

이마에서[頂門] 빛을 놓아[放光] 온 세상을[四天下] 남김없이 비추니[照破], 이것은[是] 수행자의[衲僧] 지혜의[金剛] 안목이다[眼睛].

쇠를[鐵] 바꿔[點] 금을[金] 만들고[成] 금을[金] 바꿔[點] 쇠를[鐵] 만들어서[成] 홀연히 사로잡고[忽擒] 홀연히 놓아주니[忽縱], 이것은[是] 수행자의[衲僧] 지도법이다[拄杖子].

천하 사람들의[天下人] 입을[舌頭] 제압해서[坐斷] 곧바로[直得] 말 한마디 못 하게 하여

[無出氣處] 삼천리를[三千里] 물러나게 하니
[倒退], 이는[是] 수행자의[衲僧] 기상이다[氣
宇].

자, 말해 보라[且道]. 끝내[總] 이처럼 하지 못
할 때는[不恁麽時] 마침내[畢竟] 이게[是箇] 어
떤 사람인가[什麽人]?

다음 얘기를 살펴보라[試擧看].

松江

　수행자는 어정쩡해서는 안 된다. 특히 지도자는 완벽해야 한다. 어느 한쪽에 치우쳐 어설픈 소리나 해서는 이미 잘못된 것이다. 누가 어떤 공격을 가해 오더라도 그것을 분명히 타파하고, 논리 정연하게 그를 제압할 수 있어야 한다. 이것이 수행자의 바른 법령(法令)이다. 깨달음의 지혜에 이른 사람은 세상사 그 모든 실상을 파악하고 있어야 하는 것이다. 그래야만 눈 밝은 사람이라고 할 수 있다.

　수행자가 지도를 할 때는 쇠를 능히 보검으로 만들 수 있어야 하고, 어설픈 보검이라면 그것이 쇠에 불과함을 밝힐 수 있어야 한다. 때로는 진면목을 드러내게 돕고, 때로는 온갖 상(相)을 깨뜨릴 수 있어야 바른 지도자라고 할 것이다.

　수행자는 언어 문자의 희롱에 놀아나서는 안 된다. 핵심을 꿰고 장벽 같은 논리도 갖추어서 찰나도 소홀해서는 안 되는 것이다. 이런 것을 수행자의 기상(氣像)이라고 할 수 있다.

　그런데 위에서 언급한 그런 모습이 아니라면 이런 수행자를 뭐라고 해야만 할까? 다음 본칙에서 그 예를 볼 수 있다.

태양을 쪼는 세 발 달린 까마귀(三足烏)는 자신이 태양이 되어야만 한다

本則

擧 僧이 到桐峰庵主處하야 便問호대 這
거 승　도동봉암주처　변문　저

裏에 忽逢大蟲時 又作麼生고 庵主便
리　홀봉대충시 우자마생　암주변

作虎聲하니 僧이 便作怕勢어늘 庵主呵
작호성　승　변작파세　암주가

呵大笑라 僧云 這老賊하니 庵主云 爭
가대소　승운 저노적　암주운 쟁

那老僧何오 僧이 休去하다 雪竇云 是則
나노승하 승　휴거　설두운 시즉

是나 兩箇惡賊只解掩耳偸鈴이로다
시　양개악적지해엄이투령

이런 얘기가 있다[擧].

어떤 스님이[僧] 동봉암주의[桐峰庵主] 거처에[處] 이르러[到] 곧바로[便] 물었다[問]. "여기서[這裏] 갑자기[忽] 호랑이를[大蟲] 만날[逢] 때는[時] 다시[又] 어떻게 하시겠습니까[作麼生]?"

암주가[庵主] 곧바로[便] 호랑이 울음소리를[虎聲] 내지르니[作] 그 스님이[僧] 곧[便] 겁먹은 시늉을[怕勢] 하였고[作], 암주가[庵主] 껄껄대며 웃었다[呵呵大笑].

그 스님이 말했다[僧云]. "이[這] 늙은 도적아[老賊]!"

암주가 말했다[庵主云]. "나를[老僧] 어쩔 셈이냐[爭那~何]?"

그 스님이[僧] 잠자코 가버렸다[休去].

설두 노인네가[雪竇] 한마디 하셨다[云]. "옳긴 옳으나[是則是] 둘 다[兩箇] 다만[只] 귀를[耳] 막고[掩] 방울을[鈴] 훔칠 줄만[偸] 아는[解] 못된 도적이다[惡賊]."

아름다운 얘기를 듣긴 다 들었는데, 특별한 감흥도 없고 가슴 찡한 것도 없을 때가 있다. 위의 만남이 그렇다. 일반적으로야 특별히 잘못된 것이 없어 보이나, 만일 목숨을 걸고 벼랑 위에 서 본 사람이라면 무엇이 잘못되었는지를 금방 알 것이다.

호랑이를 만났으니 호랑이로 맞서고, 다시 호랑이를 만났으니 겁먹은 모습을 보였다. 자 무엇이 잘못일까? 연기는 잘하였지만 영혼이 없는 영화배우와 같다. 이래서야 어찌 대장부라고 할 수 있겠는가? 겁먹은 모습을 보며 껄껄대고 웃고 있으니, 진흙탕 속에 들면서 호기를 부릴 참인가?

나그네가 겨우 정신을 차리고 한 방을 제대로 벅일 기회를 얻었다. 하지만 몽둥이가 풀잎처럼 가볍다. "이 늙은 도적 같으니라고!" 이렇게 한가로워서야 어쩌누.

동봉암주 또한 제대로 자비를 베풀 기회가 또 있었건만 그저 넋두리만 늘어놓고 있다. "너 같은 놈이 감히 날 어쩔 수 있겠는가?" 아이고, 이 넋두리를 듣고 꽁무니를 빼는 꼬락서니라니. 애초에 호랑이를 들먹이지나 말던지.

　이 모양을 그냥 보고 지나칠 설두 노인네가 아니지. "제법 근사하게 모양을 갖추긴 했다만, 그거야 마치 자기 귀를 틀어막고 남의 귀한 방울을 훔치는 어설픈 도적과 무엇이 다른가."

중국 오대산의 낮은 곳에 있는 참배도량인 보살정과 현통사 등의 모습
가장 높은 봉우리인 동대, 서대, 남대, 북대, 중대인 오대의 도량에는 가
보지도 않은 채 아랫동네에서만 돌고는 오대산 참배했다고 한다

見之不取하면　思之千里하리라
견 지 불 취　　사 지 천 리

好箇斑斑이여　爪牙未備로다
호 개 반 반　　조 아 미 비

君不見가　大雄山下忽相逢하니
군 불 견　　대 웅 산 하 홀 상 봉

落落聲光皆振地로다
낙 락 성 광 개 진 지

大丈夫見也無아
대 장 부 견 야 무

收虎尾兮捋虎鬚로다
수 호 미 혜 랄 호 수

반반(斑斑) 얼룩무늬. 호랑이가죽 무늬.

낙락(落落) 비범하다. 대범하다.

호랑이를[之] 보고도[見] 때려잡지[取] 못하면[不]

호랑이를[之] 생각하길[思] 천리나 하리라[千里].

좋구나[好] 호랑이의 얼룩덜룩한 무늬여[箇斑斑],

발톱과[爪] 이빨은[牙] 갖추지 못했구나[未備].

그대는[君] 알지 못하는가[不見]?

대웅산 아래에서[大雄山下] 문득[忽] 서로 만나[相逢]

우렁찬[落落] 소리 기세[聲光] 모두[皆] 대지[地] 흔든 것을[振].

대장부여[大丈夫] 봤는가[見也無]?

범의 꼬리 거두고[收虎尾兮] 범의 수염 잡았도다[捋虎鬚].

松江

호랑이를 보고도 때려잡지 못하면
호랑이를 생각하길 천리나 하리라.

　호랑이를 사냥하려면 호랑이를 때려잡을 솜씨가 있어야
한다. 그렇지 못하면 호랑이에게 물려 죽거나 병신이 되거나
놓치거나 한다. 다행히 살아남아 뒤늦은 후회를 해 본들 호
랑이는 이미 사라진 지 오래이다.

　좋구나 호랑이의 얼룩덜룩한 무늬여,
발톱과 이빨은 갖추지 못했구나.

　호랑이 울음소리 내지를 때까진 근사해 보였다. 호랑이는
호랑이를 두려워할 필요가 없는 법이지. 하지만 상대는 호랑
이도 아니었고 사냥꾼은 더더욱 아니었구나. 괜스레 겁먹은
시늉 따위나 하다니. 그들은 둘 다 호랑이도 못 되고 사냥꾼
도 못 되고 말았다.

그대는 알지 못하는가?

대웅산 아래에서 문득 서로 만나

우렁찬 소리 기세 모두 대지 흔든 것을.

설두 노인네는 대부분 알고 있는 백장선사와 제자 황벽의 얘기를 슬쩍 가져와서 본칙의 얘기가 어떻게 잘못되었는지를 살펴보게 하였다.

백장 어딜 갔다 오느냐?

황벽 산에 버섯 따러 갔다 옵니다.

백장 호랑이를 보았느냐?

황벽이 호랑이 울음을 내지르자 백장선사가 도끼로 찍는 시늉을 하였고, 황벽이 스승 백장의 따귀를 갈겼다. 백장선사는 껄껄대며 당신의 방으로 돌아갔나. 백장선사가 저녁에 상당하여 말했다. "대웅산에 호랑이 한 마리가 있으니 잘 살펴봐라. 나는 오늘 한 번 물렸다."

한 치도 물러섬이 없는 두 호랑이의 진면목을 볼 수 있다면, 그도 곧 산천을 떨게 할 수 있으리라.

대장부여 봤는가?

범의 꼬리 거두고 범의 수염 잡았도다.

설두스님은 위의 얘기를 계속 이어가고 있다.

어느 날 위산선사가 제자 앙산에게 물었다.

위산 황벽의 호랑이 얘기를 어떻게 보느냐?”

앙산 스승님의 뜻은 어떠합니까?”

위산 백장스님이 당시에 도끼로 때려잡았어야 했는데, 무
엇 때문에 이 지경에 이르도록 했을까?”

앙산 그렇지 않습니다.”

위산 자네는 어떻게 보는가?”

앙산 호랑이의 머리에 올라탔을 뿐만 아니라 호랑이의 꼬
리도 거둘 줄 알았던 것입니다.”

위산 자네에게 험준한 언구가 있군.”

모름지기 대장부라면 백장선사와 황벽을 넘어서야 하고,
위산선사와 앙산의 안목보다 밝아야 하지 않겠는가. 그렇지
않다면 동봉암주나 암주를 찾아온 수행자의 꼴을 면치 못할
것이다.

초보자는 이 형상에 겁먹을 수 있지만,
해탈의 경지에 이른 사람은 두려워하지 않는다
정도스님 사진

松江

　설두스님께서 선택한 여든여섯 번째 얘기는 다시 운문선사(雲門禪師)의 법문이다.

垂示

把定世界하야 不漏絲毫하니 截斷衆流
파정세계　　　　불루사호　　　절단중류

하야 不存涓滴이니 開口便錯이요 擬議卽
　　　부존연적　　　개구변착　　　의의즉

差라 且道하라 作麼生이 是透關底眼고
차　차도　　　자마생　　시투관저안

試道看하라
시도간

파정(把定) 파주(把住)와 같은 뜻. (1) 꽉 움켜쥠. 꽉 잡아 쥠. 단단히 거머쥠. (2) 선승(禪僧)이 학인(學人)을 지도할 때, 꼼짝 못 하게 휘어잡아 바싹 디그치는 것.

중류(衆流) (1) 많은 물의 흐름. (2) 여러 물줄기. (3) (인식의) 여러 가지 흐름. (4) 온갖 번뇌.

연적(涓滴) 물방울. 매우 적은 양의 물.

의의(擬議) (1) 일의 시비곡직(是非曲直)을 헤아려 그 가부를 의논(議論)하는 일. (2) 여러모로 헤아려 그 가부(可否)를 결정함.

투관저안(透關底眼) 난관을 돌파하는 안목. 조사의 관문을 뚫는 안목.

세계를[世界] 움켜쥐어[把定] 실오라기도[絲毫] 새어나가지 않게 하며[不漏] 온갖 흐름을 [衆流] 끊어서[截斷] 물방울도[涓滴] 남기지 않는다[不存].

입을 열면[開口] 곧바로[便] 잘못되고[錯] 생각으로 헤아리면[擬議] 바로[即] 어긋난다[差].

자, 말해보라[且道]. 어떤 것이[作麼生] 곧[是] 관문을 뚫는 안목인가[透關底眼]. 말해볼 터이니[試道] 잘 살펴보라[看].

선지식은 작은 지식 따위에 매여 있어서는 안 된다. 깨달음이란 본디 광활하고 온갖 것을 다 포용하면서도 또한 모든 것을 초월한다. 흔히 작은 소견으로 깨달았다고 착각하는 이들이 있으나 그런 소견은 새로운 문제에 봉착하면 곧바로 무용지물이 되어버린다. 지도자가 되려면 배우는 이의 모든 재주와 머리 굴림을 그대로 볼 수 있어야 하고, 그가 어떤 망상을 피우는지를 명확히 알아야 한다. 그렇지 않으면 지도는커녕 말려들게 되는 것이다.

참된 깨달음이란 어떤 것인가? 진리는 또 어떤가? 이는 모든 언어와 논리를 초월하고 있기에 설명하려고 하면 이미 어긋나 버리고, 머리를 굴려 지식으로 답을 찾으려 한다면 벌써 잘못되어 버린다. 그래서 말이 떨어지기 전에 알아차려야 한다. 선지식도 어정쩡한 교학 따위로 그것을 설명하려 드는 순간 이미 몽둥이를 부르는 화를 자초하는 것이다.

그렇다면 선지식은 어떻게 언어와 논리에 떨어지지 않고 지도할 수 있으며, 학인은 어떻게 엄청난 함정을 타파할 수 있을까? 다음의 본칙에서 멋진 예를 볼 수 있을 것이다.

진리는 이 문 안에 있을까 이 문밖에 있을까
중국 대동 불궁사(佛宮寺) 일주문

本則

擧 雲門이 垂語云 人人이 盡有光明在
거 운문　수어운　인인　진유광명재

나 看時不見暗昏昏이니라 作麼生이 是
간시불견암혼혼　　　자마생　시

諸人光明고 自代云 廚庫三門이니라 又
제인광명　자대운　주고삼문　　우

云 好事도 不如無니라
운 호사　불여무

주고(廚庫)　절의 부엌이나 주식과 부식을 보관하는 창고. 아주 은밀한 곳을 상징함.

삼문(三門)　① 법공(法空)·열반(涅槃)으로 들어가는 3가지 해탈문(解脫門). 즉 공문(空門)·무상문(無相門)·무작문(無作門). ② 교(敎)와 율(律)과 선(禪)의 3문. ③ 지혜(智慧)·자비(慈悲)·방편(方便)의 3문. ④ 문혜(聞慧)·사혜(思慧)·수혜(修慧)인 삼혜(三慧)의 삼문. ⑤ 사찰에 들어가는 세 가지 문. 밖으로 드러나 있는 곳을 상징.

이런 얘기가 있다[擧].

운문선사께서[雲門] 법어에서[垂語] 말씀하셨다[云]. "사람마다[人人] 다[盡] 광명을[光明] 가지고[有] 있으나[在], 보려고 할 때는[看時] 보이지 않고[不見] 캄캄하다[暗昏昏]. 어떤 것이[作麼生] 곧[是] 여러분 모두의[諸人] 광명인가[光明]?"

(20년 동안 이 질문을 던졌으나 아무도 답을 하지 못하고 있었는데, 향림香林스님이 운문선사께 답을 말씀해 주시기를 청하였다. - 원오 극근선사의 평창에서) (그래서) 스스로 대중을 대신해[自代] 말씀하셨다[云]. "부엌과[廚庫] 세 가지 문이니라[三門]."

다시[又] 말씀하셨다[云]. " 좋은 일도[好事] 없느니만 못하다[不如無]."

 松江

운문선사는 참 매력적인 인물이다. 거칠다고 느끼는 순간 부드럽고 섬세한 모습을 보이며, 친절하다고 느끼는 순간 냉정하기 짝이 없는 모습을 보인다. 지금도 마찬가지이다. 얼핏 참 친절한 듯하나 또한 냉정하기 짝이 없다. 그것을 알면 이미 운문선사의 수염을 잡은 사람이다.

친절하다는 것은 스스로 답을 해 주셨다는 것을 말한 것이고, 냉정하다는 것은 질문이나 답이나 같다는 것이다. 여기서 돌이킨 사람은 더 이상 속지 않을 것이다.

운문선사는 석가세존의 45년 법문을 한마디로 정리하셨다. 묻는 것 같지만 실제로는 답을 주신 것이다. 하지만 대중은 눈만 껌뻑이고 있었다. 무려 20년 동안 그렇게 세월만 흘러갔다. 향림스님의 요청으로 스스로 답을 내린 것 같으나 이 또한 질문이나 마찬가지다. 운문선사의 첫 질문에는 멋진 열쇠가 있다. 바로 "보려고 하면 보이지 않고 캄캄하다."는 구절이다. 어떤 현상을 말한 것이 아님을 너무나 친절하게 말씀해 주신 것이다.

　그런데 스스로 답한 것에는 정반대의 말씀을 하셨다. 바로 눈에 보이는 부엌과 사찰의 세 곳 문을 말씀하신 것이다. 아주 친절한 답이었지만 또한 함정이다.

　운문선사는 참 자비롭다. 그래서 오히려 노파심을 드러내고 말았다. "좋은 일도 없느니만 못하다." 이 말에도 또한 속는다. "좋은 일도 하지 말라."고 하면 목석이 되고 만다. 그 정도라면 어쩔 수 없다.

오체투지로 순례의 길을 가는 사람
그는 어디를 향해 절을 하고 있을까

頌

自照列孤明하야
자 조 열 고 명

爲君通一線이로다
위 군 통 일 선

花謝樹無影하니
화 사 수 무 영

看時誰不見고
간 시 수 불 견

見不見이라
견 불 견

倒騎牛兮入佛殿이로다
도 기 우 혜 입 불 전

사(謝) 시들다.

스스로 빛나며[自照] 홀로 밝음을[孤明] 펼쳐[列]

그대들[君] 위해[爲] 한 가닥 길[一線] 알렸네[通].

꽃은[花] 시들고[謝] 나무는[樹] 그림자[影] 없으니[無]

살필[看] 때면[時] 누군들[誰] 보지[見] 못하랴[不].

봄이여[見], 보지 못함이여[不見],

거꾸로[倒] 소를 타고서[騎牛兮] 불전에[佛殿]

들도다[入].

 **松江**

스스로 빛나며 홀로 밝음을 펼쳐
그대들 위해 한 가닥 길 열렸네.

불교에서 말하는 지혜는 이미 지나간 일들의 기록인 지식을 축적하는 것을 말하는 것이 아니다. 지혜란 스스로 빛나는 것이며 스스로 밝은 것을 말한다. 그런데 지식을 익히느라 사람들은 자기의 지혜가 있는 줄도 모르고, 모르니 쓸 줄은 더더욱 모른다. 그래서 운문선사께서는 이 문제를 언급한 것이다. 그리고 착각을 방지하고자 "이를 보려고 하면 보이지 않고 캄캄하다."고 말씀하신 것이다. 이 말씀은 참으로 친절하다. 이 도리를 모르면 길도 모르고 깨닫지도 못한다. 그리고는 헛소리를 할 뿐이다.

꽃은 시들고 나무는 그림자 없으니
살필 때면 누군들 보지 못하랴.

  설두 영감님은 멋쟁이다. "꽃은 시들고 나무는 그림자 없으니"라고 한 이 아름다운 말을 누가 할 수 있겠는가. 아름답기만 하다면 어찌 멋쟁이라고 하랴. 그 깊이를 알 수 없는 경지를 은근히 보여주고 있기에 멋쟁이라는 것이다.

  운문선사께서 "보려고 하면 보이지 않고 캄캄하다."고 말씀하신 것을 설두 노인네는 "살필 때면 누군들 보지 못하랴."고 멋지게 뒤집어 보여준다. 하지만 그림자 없는 나무를 보지 못한 사람은 아무리 살펴도 역시 보지 못할 것이다.

  봄이여, 보지 못함이여,
  거꾸로 소를 타고서 불전에 들도다.

  "보지 못한다."고 한 것이나 "누군들 보지 못하랴."고 한 것이 다른 말이 아니다. 하지만 그 말에 떨어져서 분별하고 있다면 아득히 멀 뿐이다. 하지만 두 노인네의 말씀이 같은 것을 가리킴을 안 사람이라면 소를 거꾸로 타고서도 불전에 들 수 있을 것이다.

제망라포무비수(帝網羅捕無鼻獸-제석천의 인드라망 그물은 콧구멍 없는 짐승을 사로잡는다) 깨달음의 경지를 읊은 이 멋진 구절의 편액도 모르는 이에겐 그저 널빤지에 불과하다
1970년대 말, 어느 사찰 구석에 있던 것을 살피고 있는데, 함께 있던 이가 촬영한 것

 **松江**

다른 판본에서는 '운문선사의 약과 병이 서로 맞음(雲門藥病相治)'으로도 되어 있다.

설두스님께서 선택한 여든일곱 번째 얘기도 역시 운문선사(雲門禪師)의 법문이다.

垂示

明眼漢은 沒窠臼라 有時에는 孤峰頂上에 草漫漫하고 有時에는 鬧市裏頭에 赤灑灑라 忽若忿怒那吒면 現三頭六臂하며 忽若日面月面이면 放普攝慈光호대 於一塵에 現一切身하며 爲隨類人하야 和泥合水어니와 忽若撥著向上竅하면 佛眼도 也覰不著라 設使千聖이 出頭來하야도 也須倒退三千里니라 還有同得同證者麼아 試擧看하라

과구(窠臼) 상투적인 격식. 틀에 박힌 절차나 행동.

유시(有時) 어떤 때.

만만(漫漫) 가득하다. 넘치다. 무성하다.

적쇄쇄(赤灑灑) 벌거벗음. 모든 것을 떨쳐 버리고 초연함.

나타(那吒) 불교의 호법신 중 하나였다. 비사문천(毘沙門天)의 셋째 아들로, 나타태자(哪吒太子)로 불리기도 함. 머리가 셋이고 팔이 여섯인 모양으로 그려지며, 불법에 좋지 못한 행위를 하는 사람에게 분노한 모습으로 나타난다고 함.

일면월면(日面月面) 일면불(日面佛) 월면불(月面佛).

수류인(隨類人) 온갖 종류의 사람들.

수시

눈 밝은 사람에게는[明眼漢] 정형화된 틀이[窠臼] 없다[沒]. 어떤 때에는[有時] 외로운 봉우리 위에[孤峰頂上] 풀이[草] 무성하고[漫漫], 어떤 때에는[有時] 시끌벅적한 시장 속에서[鬧市裏頭] 벌거벗듯 초연하다[赤灑灑].

문득[忽] 분노한 나타처럼[若忿怒那吒] 머리 셋에[三頭] 팔 여섯을[六臂] 드러내기도 하며[現], 홀연히[忽] 일면불 월면불처럼[若日面月面] 널리[普] 자비로운 빛을[慈光] 가져[攝] 놓는다[放]. 한 티끌에[於一塵] 모든 몸을[一切身] 나타내어[現] 온갖 사람들을[隨類人] 위하여[爲] 진펄이 되기도 하고[和泥] 물이 되기도 한다[合水].

문득[忽] 초월적[向上] 구멍을[窺] 열어젖힌다
면[若撥著] 부처의 눈으로도[佛眼] 또한[也]
볼 수[覰] 없으며[不著], 설사[設使] 일천 성인
이[千聖] 나오더라도[出頭來] 또한[也] 반드시
[須] 삼천리나[三千里] 물러날 것이다[倒退].
자[還], 이러한 경지의 사람이[同得同證者] 있겠
느냐[有~麽]? 다음 얘기를 살펴보자[試擧看].

松江

　지혜로운 이는 한 형태에 갇히지 않는다. 만일 홀로인 경우라면 높은 봉우리처럼 지내고, 만일 대중들과 함께라면 시끌벅적한 시장도 마다하지 않고 남들의 이목 따윈 아랑곳하지 않고 거리낌 없이 행동한다.

　필요하다면 무시무시한 호법의 신장처럼 꾸짖고 질타하지만, 때로는 자애로운 어버이 같은 모습으로 빛으로 인도하고 사랑으로 감싼다. 그에게는 이미 자신의 이해득실이 없으므로 한 마디 말이나 하나의 행동에도 혼신의 힘을 다하기에, 진흙탕 속으로도 들어가고 물속으로도 들어가는 것이다.

　하지만 그가 깨달음의 경지를 보일 때는 부처의 안목으로도 그의 진면목을 살필 수 없고, 모든 성인이 설명한다고 해도 진실과는 아득히 멀기만 할 뿐이다.

　자, 이러한 경지의 사람을 보기라도 했는가?

드높은 산은 갖가지 모습을 갖추고 있다
스위스 융프라우의 3천4백 미터 지점에서 망원렌즈로 본 풍경

擧 雲門이 示衆云 藥病이 相治하니 盡
거 운문　　시중운 약병　　상치　　진

大地是藥이라 那箇是自己오
대지시약　　나개시자기

이런 얘기가 있다[擧].

운문선사께서[雲門] 대중에게 법문을 하셨다 [示衆云].

"약과[藥] 병이[病] 서로를[相] 다스리니[治], 온[盡] 대지가[大地] 바로[是] 약이다[藥]. (그렇다면) 어느 것이[那箇] 곧[是] 자기이겠는가 [自己]?"

 **松江**

　운문선사는 질문을 던진 후 대중이 답을 못 하면 스스로 답하길 좋아하셨다. 그런데 여기에서는 질문만 던지고 말았다. 어째서 그런지를 알아차린 사람이라면 이미 답을 본 것이다.

　약과 병은 서로 상대적 관계로 필요한 것일 뿐이다. 약은 약이면서 병이 되고, 병은 병이면서 또한 약이 된다. 이 도리를 알면 "서로 다스린다"는 말을 곧바로 알아차릴 것이다.

　위의 도리를 깨달았다면 "온 대지가 곧 약이다"고 한 운문선사의 심장을 움켜쥘 수 있을 것이다. 그러나 안타깝게도 사람들은 대지를 헤매며 약을 찾는다. 운문선사의 함정에 떨어진 것이다.

이 멋진 담장은 어느 성지에 있는 것일까

盡大地是藥이여
진 대 지 시 약

古今何太錯고
고 금 하 태 착

閉門不造車라도
폐 문 부 조 거

通途自寥廓이라
통 도 자 요 확

錯錯이라
착 착

鼻孔遼天亦穿却이로다
비 공 료 천 역 천 각

폐문부조거(閉門不造車) 『조당집(祖堂集)』 제20권 〈오관산서운사화상(五冠山瑞雲寺和尙)〉편에 "먼저 진리를 밝힌 뒤에 인연에 순응하여 수행하여 나간다면 불조(佛祖)의 수행과 상응할 것이다. 이는 문을 닫아걸고 수레를 만들어도, 밖에 나가면 바퀴가 길에 딱 맞는 것과 같다(如似閉門造車, 出門合轍耳)"라는 구절이 있음.

온[盡] 대지가[大地] 곧 약이라 함이여[是藥]!

고금에[古今] 얼마나[何] 크게 잘못 아는가[太錯].

문을 닫아걸고[閉門] 수레를 만들지 않더라도[不造車]

큰길은[通途] 저절로[自] 휑하니 드넓어라[寥廓].

어긋났구나[錯] 어긋났어[錯].

콧구멍[鼻孔] 하늘까지 아득해도[遼天] 역시[亦] 꿰였구나[穿却].

松江

온 대지가 곧 약이라 함이여!
고금에 얼마나 크게 잘못 아는가.

　운문스님이야 틀린 말씀 하시는 분은 아니지. 하지만 운문선사의 입을 떠난 말은 그 순간부터 함정이 되는 것을 누가 알리요. 그렇다고 운문선사가 고약하다고는 하지 말 것. 고약한 것은 그대 자신이니까.

　문을 닫아걸고 수레를 만들지 않더라도
큰길은 저절로 휭하니 드넓어라.

　누구의 뒤를 따르지도 말고 누구를 닮고자 하지도 말라. 이미 그가 있었으니 다시 흉내를 내어 본들 무엇에 쓰겠는가. 뚫린 길을 다 익혀 능수능란하더라도 길이 끊어진 곳에는 어떻게 이를 것인가. 만약 정해진 길이 없다면 어느 곳인들 길이 아니겠는가.

어긋났구나, 어긋났어.

콧구멍 하늘까지 아득해도 역시 꿰였구나.

이리 굴리고 저리 굴리며 청산유수처럼 말할지라도 이미 한참 어긋난 것을 어찌 알겠는가. 아만이 하늘에 이르더라도 그것이 코뚜레가 되는 줄도 모르고 있나니.

중국 쓰촨성의 낙산대불이 참으로 대단하긴 하지만 결국은 사람이
조상한 것이다
2013년 4월 2일 촬영

松江

  다른 판본에서는 '현사선사의 중생제도(玄沙接物利生)'로도 되어 있다.

  설두스님께서 선택한 여든여덟 번째 얘기는 현사선사(玄沙禪師)의 법문과 이 법문을 가지고 어떤 스님이 운문선사(雲門禪師)와 문답한 내용이다.

  현사 사비(玄沙師備, 835~908)의 호는 종일(宗一), 불법

을 편 곳의 지명을 따 현사(玄沙)라는 호로 더 잘 알려져 있다. 복건성(福建省) 복주(福州) 출신으로 당대(唐代)의 선승(禪僧)이다. 본래 남대강의 어부였으나 아버지가 급류에 휩쓸려 죽는 광경을 보고 30세 때 부용산 영훈(靈訓)선사에게 출가하여 864년(함통 5) 개원사 도현(道玄)율사로부터 구족계를 받았다. 수행 초기부터 의식을 절제하며 극단적인 고행을 하였고, 스승인 설봉 의존(雪峰義存)은 그를 비두타(備頭陀)라 부르며 지도하였다. 설봉선사를 따라 상골산에 들어가 수행정진하던 중 《능엄경》을 읽다가 깨달았다. 설봉을 모시며 지내다 매계장(梅谿場) 보응원(普應院)에 잠시 머문 뒤 다시 현사산(玄沙山)으로 돌아와 생애를 보냈다. 13명의 제자 중 나한원(羅漢院) 계침(桂琛)선사가 유명하다. 어록집으로 《현사사비선사어록(玄沙師備禪師語錄)》 3권, 《현사광록(玄沙廣錄)》 3권이 있다.

垂示

門庭施設은 且恁麼 破二作三하고 入
理深談은 也須是七穿八穴이라 當機敲
點은 擊碎金鎖玄關이니 據令而行하야
直得掃蹤滅跡이라 且道하라 誵訛在什
麼處오 具頂門眼者는 請試擧看하라

문정시설(門庭施設) 선문(禪門)에서 제자를 지도하는 수단과 방법.

차임마(且恁麽) 또한 어떠냐 하면.

파이작삼(破二作三) 둘을 쪼개 셋을 만듦. 정해진 틀에 얽매이지 않음.

칠천팔혈(七穿八穴) 일곱을 뚫고 여덟을 꿰뚫음. 자유자재한 경지.

당기(當機) 상대의 능력이나 소질에 따라 지도하는 것.

고점(敲點) 질문을 하거나 답함.

금쇄(金鎖) 쇠로 된 자물쇠. 굳건히 지키려는 곳.

현관(玄關) 현묘한 깨달음으로 들어가는 문.

거령이행(據令而行) 법령에 따라 행함. 불조(佛祖)의 가르침에 따름.

효와(誵訛) 잘못을 저지름. 실수.

정문안(頂門眼) 정수리의 눈. 깨달음의 안목.

수시

선문에서 제자를 지도하는 솜씨가[門庭施設] 또한 어떠냐 하면[且恁麼] 둘을 쪼개[破二] 셋을 만들기도 하고[作三], 이치에 들어가[入理] 깊이 말함에[深談] 또한[也] 모름지기[須是] 자유자재한 경지라야 한다[七穿八穴].

상대의 능력에 따라[當機] 묻고 답할 때는[敲點] 튼튼한 자물쇠와[金鎖] 현묘한 관문을[玄關] 쳐부수어[擊碎] 부처와 조사의 법령으로 행하면[據令而行], 곧바로[直得] 흔적을 쓸고 업적을 없앨 것이다[掃蹤滅跡].

자 말해보라[且道]. 잘못이[誵訛] 어느 곳에[什麼處] 있는가[在]. 바른 안목을 갖춘 이는[具頂門眼者] 본칙을 잘 보도록 하라[請試舉看].

松江

　수행의 지도자는 능수능란해야 한다. 정해진 틀에 국한되어 그것만을 강조해서는 선지식이라 할 수 없다. 상대가 이미 알고 있는 것을 다르게 비춰 보이거나 틀에 박힌 이론에 머물지 않고 온갖 측면에서 살필 수 있도록 해야 한다.

　문답을 할 때는 상대의 자질을 살펴 그가 튼튼한 자물쇠를 채우듯 지키려 하는 것이 무엇인지를 알아서 부숴버려야 하고, 그가 마치 진리인 것처럼 막혀버린 것도 풀어버려야 한다. 부처님과 조사님들이 깨달으신 도리에 따라 지도한다면, 어떤 흔적이나 허물을 남기지 않을 것이다.

　수행자가 깨닫지 못한 허물이 어디에 있을까? 바른 안목을 갖춘 이라면 단번에 알아차릴 것이다.

라다크 틱세 곰파의 벽화에 등장하는 고승들의 몸짓과 표정은 모두 달라
도 가리키는 곳은 하나이다
그러나 하나라고 정해버리면 어긋난다

擧 玄沙 示衆云 諸方老宿이 盡道接
거 현사 시중운 제방노숙 진도접

物利生이라하니 忽遇三種病人來하면 作
물리생 홀우삼종병인래 자

麼生接고 患盲者는 拈鎚竪拂하야도 他
마생접 환맹자 염추수불 타

又不見하며 患聾者는 語言三昧라도 他
우불견 환농자 어언삼매 타

又不聞하며 患啞者는 敎伊說이라도 又說
우불문 환아자 교이설 우설

不得하니 且作麼生接고 若接此人不
부득 차작마생접 약접차인부

得인댄 佛法無靈驗이니라 僧請益雲門하
득 불법무영험 승청익운문

니 雲門云 汝禮拜着하라 僧禮拜起하니
운문운 여예배착 승예배기

以拄杖挃이라 僧退後어늘 門云 汝不是
이주장질 승퇴후 문운 여불시

患盲이로다 復喚近前來하라하니 僧近前커
환맹　　　　부환근전래　　　　승근전

늘 門云 汝不是患聾이로다 門乃云 還會
문운 여불시환농　　　　문내운 환회

麼아 僧云 不會니다 門云 汝不是患啞로
마　승운 불회　　　문운 여불시환아

다 僧於此有省하다
　승어차유성

접물리생(接物利生) 사람들을 만나고 중생을 이롭게 함. 중생제도

추(鎚) 중국 선원에서 시간을 알릴 때 사용하는 기구. 나무막대기 끝에 쇠를 붙여 놓은 것.

불(拂) 불자(拂子), 불주(拂塵), 불진(拂塵)이라고 하는 것으로 큰스님들이 가지는 법구(法具)임. 먼지떨이 형태이며, 손잡이 끝에 짐승의 꼬리나 가는 삼 뭉치 등을 붙여 놓은 것. 먼지와 번뇌를 동일시하는 불교에서 후학의 번뇌를 제거한다는 의미가 있음.

이런 얘기가 있다[擧]. 현사선사께서[玄沙] 대중에게 법문을 말씀하셨다[示衆云].

"여러 도량의[諸方] 큰스님들께서[老宿] 모두[盡] 중생을 제도한다고[接物利生] 하니[道], 문득[忽] 세 종류의 병 있는 사람을 만났을 때는[遇三種病人來] 어떻게 맞이하겠는가[作麼生接]. 장님은[患盲者] 추를 잡고[拈鎚] 불자를 세우더라도[竪拂] 그가[他] 또한[又] 보지 못하고[不見], 귀머거리는[患聾者] 잘 정리된 말이라도[語言三昧] 그가[他] 또한[又] 듣지 못하며[不聞], 벙어리는[患啞者] 그가[伊] 말하도록[說] 시켜도[敎] 또한[又] 말하지[說] 못한다[不得]. 자[且] 어떻게[作麼生] 지도하겠는가

[接]? 만약[若] 이들을[此人] 지도할 수 없다면 [接~不得] 불법이[佛法] 영험 없는 것이다[無靈驗].”

어떤 스님이[僧] (현사스님 법문을 가지고) 운문선사께 가서[雲門] 가르침을[益] 청하였다[請].

운문선사께서 말씀하셨다[雲門云]. “자네[汝] 절해 보게[禮拜着].”

그 스님이[僧] 절을 하고[禮拜] 일어나자[起] 주장자로[以拄杖] 찌르니[挃] 그 스님이[僧] 뒤로 물러났다[退後].

운문선사께서 말씀하셨다[門云]. “자네[汝] 장님이 아니로군[不是患盲].”

다시[復] 가까이 오라고[近前來] 불러[喚] 그 스님이[僧] 가까이 오자[近前] 운문선사께서 말씀하셨다[門云]. “자네[汝] 귀머거리가 아니로군[不是患聾].”

운문선사께서[門] 다시[乃] 말씀하셨다[云].

“알겠느냐[還會麼]?”

그 스님이 답하였다[僧云]. “모르겠습니다[不
會].”

운문선사께서 말씀하셨다[門云]. “자네[汝] 벙
어리가 아니로군[不是患啞].”

그 스님이[僧] 이에[於此] 깨닫는 바가[省] 있
었다[有].

松江

현사선사께서 지금 심각한 질문을 던지셨다.

"여러 도량에서 모든 스님들이 각자 나름대로 중생을 제도한다고들 하고 있다. 자 그렇다면 이런 경우는 어떻게 해야 할까? 장님에겐 어떤 행위로 깨우치려 해도 보질 못하고, 귀머거리에겐 아무리 훌륭한 법문으로 이끌어주려 해도 듣질 못하며, 벙어리에겐 말을 시켜 깨우쳐 주려 해도 그가 말할 수 없다. 이들을 어떻게 지도하겠는가? 만약 이들을 지도하지 못한다면 불법이라는 것이 무슨 소용이 있겠는가?"

여기 장님과 귀머거리와 벙어리는 누굴 가리키는 것인가? 볼 수 없고, 들을 수 없으며, 말할 수 없다는 것은 또 무엇을 뜻하는가? 두리번거리며 찾고 있다면 이미 아득히 멀어졌다. 정말로 육체의 장님과 귀머거리와 벙어리를 데려온다면 완전히 현사 노인에게 사기당한 것이다. 장님이 장님을 보라 하고, 귀머거리가 귀머거리에게 들으라 하며, 벙어리가 벙어리에게 말하라고 하는 일이 어디 어제 오늘의 일이던가. 현사선사의 방망이가 참으로 통렬하다.

운문선사는 어떤가? 곧바로 보게 하고, 곧바로 듣게 하며, 곧바로 말하게 하니 참으로 현사 노인네도 어쩌지 못하게 해 버렸다. 하지만 찾아온 이가 과연 제대로 보고 듣고 말한 것일까? 조금이라도 깨닫는 바가 있었다면 헛걸음을 하진 않았으나, 감히 명함을 내밀기는 멀었다.

백의 관음보살 말없이 설하시고 남순동자가 들음 없이 듣는 도리를 안다
면 현사스님의 몽둥이는 면할 것이다

盲聾瘖啞라 杳絶機宜라
맹 롱 음 아　묘 절 기 의

天上天下 堪笑堪悲로다
천 상 천 하　감 소 감 비

離婁不辨正色커니
이 루 불 변 정 색

師曠豈識絃絲리오
사 광 기 식 현 사

爭如獨坐虛窓下하야
쟁 여 독 좌 허 창 하

葉落花開自有時리오
엽 락 화 개 자 유 시

復云 還會也無아
부 운 환 회 야 무

無孔鐵鎚로다
무 공 철 추

묘절(杳絕) 아득하다. 도무지 없다.

기의(機宜) 적절한 지도법. 알맞은 방편.

이루(離婁) 『맹자(孟子)』 이루(離婁)편에 등장하는 인물. 황제(黃帝) 때 사람으로 이주(離朱)라고도 하며, 100보 밖에서도 털끝을 분간하는 시력을 가졌다고 함. 춘추시대 사람이라고도 함. 흔히 이루지명(離婁之明)으로 많이 사용됨.

사광(師曠) 춘추 진(晉)나라 사람. 진평공(晉平公) 때 악사(樂師)를 지냈다. 태어날 때부터 장님이었는데, 음악에 정통했고 소거문고를 잘 연주했다고 함.

무공철추(無孔鐵鎚) 구멍 없는 쇠망치. 자루가 없는 망치. 언어로 설명할 수 없는 이치.

장님[盲]과 귀머거리[聾]와 벙어리여[瘖啞],

적절하게 제도할 방법이[機宜] 아득하네[杳絶].

하늘 위 하늘 아래 온 세상[天上天下]

참으로 우습고[堪笑] 정말로 슬프구나[堪悲].

눈 밝은 이루도[離婁] 바른 색[正色] 가리지 못하거니[不辨]

귀 밝은 사광인들[師曠] 어찌[豈] 그윽한 음을[絃絲] 알리[識].

어찌[爭] 툭 트인[虛] 창 아래[窓下] 홀로 앉아[獨坐]

잎 지고[葉落] 꽃 핌을[花開] 몸소 즐김과[自有時] 같으랴[如].

다시 말씀하셨다[復云].

"이제 알겠는가[還會也無]?

구멍 없는[無孔] 쇠망치로다[鐵鎚]"

松江

장님과 귀머거리와 벙어리여,
적절하게 제도할 방법이 아득하네.

보고도 보지 못하고, 듣고도 듣지 못하며, 말하고도 말하지 못한다. 자, 이럴진대 도저히 제도할 방법이 없는 것이 확실하다. 그런데 이것이 바로 문이다. 현사스님도 설두스님도 한 문은 닫았으되 한 문은 열어 두었다. 그 솜씨가 비상하지 아니한가. 끝끝내 장님이고 귀머거리이고 벙어리라면, 보지 않고도 보며 듣지 않고도 들으며 말하지 않고도 다 말한다. 하지만 세 관문을 통과해야 할 것이다.

하늘 위 하늘 아래 온 세상
참으로 우습고 정말로 슬프구나.

만약 세 관문을 통과한 이라면 무엇이 우습고 무엇이 슬픈지를 다 알 것이다. 세상이란 원래 그런 것이다. 총명하나 어리석은 이가 있고, 어리석으나 그 안을 볼 수 없는 이가 있다. 그러기에 때로는 웃고 때로는 슬퍼하는 것이다.

눈 밝은 이루도 바른 색 가리지 못하거니
귀 밝은 사광인들 어찌 그윽한 음을 알리.

천체 망원경을 가진 이가 우주의 이치를 아는 것이 아니며, 전자현미경을 가진 이가 사람의 마음을 볼 수 있는 것이 아니다. 아무리 뛰어난 재주라도 작은 지혜를 당하지 못하고, 비록 지혜를 지녔어도 어리석음의 궁극에 이른 이를 당할 수 없는 것이다.

어찌 툭 트인 창 아래 홀로 앉아
잎 지고 꽃 핌을 몸소 즐김과 같으랴.

이루와 사광 같은 능력을 지녔으면 무엇 하랴. 정말 봐야 할 것은 보지 못하고, 정말 알아차릴 것은 알아차리지 못한다면 그 뛰어난 능력이라는 것이 어찌 대단하다고 할 수 있겠는가.

그런 사람이 되기보다는 그저 툭 터진 창 아래 홀로 앉아, 봄에 꽃 피고 가을에 낙엽 지는 것을 무심히 바라보는 것이 좋지 않겠는가. 말이야 쉽지. 흉내 내며 앉았다가는 독감에 걸릴 것이다. 보되 보지 않는 것과 같고, 듣되 듣지 않는 것과 같으며, 말하되 말하지 않는 것과 같다면 즐길 수 있을 것이다.

다시 말씀하셨다.
"이제 알겠는가? 구멍 없는 쇠망치로다"

설두 노인네가 또 노파심을 일으켰다. 현사스님의 방망이가 보이냐고 다그쳤다. 그러면서 넌지시 말씀해 주셨다. "자루가 없는 무쇠망치를 쓸 수 있어야 할 것이다."

봉황의 현묘한 노랫소리를 들을 수 있는가

다른 판본에서는 '운암스님의 대비수안(雲巖大悲手眼)', '운암스님이 도오스님에게 대비보살의 손과 눈을 묻다(雲巖問道吾手眼)'로도 되어 있다.

설두스님께서 선택한 여든아홉 번째 얘기는 운암(雲巖)선사와 도오(道吾)선사의 대화이다.

운암스님은 운암 담성선사(雲巖曇晟禪師, 782~841)이다. 당대(唐代)의 선승으로 속성은 왕(王)씨이다. 강서성(江西省) 건창(建昌) 출신으로 20세에 구족계(具足戒)를 받고, 백장선사에게 10여 년 동안 사사(師事)했다. 백장선사 입적 후 약산 유엄선사(藥山惟儼)의 지도를 받고 깨달아 약산선사의 법을 이어받았다. 이후 담주(潭州 − 호남성 동부 湘江 하류에 있는 湘潭의 옛 이름) 운암산(雲巖山)에 머물면서 많은 이들을 지도했다. 제자에 조동종(曹洞宗)의 개조인 동산 양개선사(洞山良价禪師)가 유명하다.

도오스님은 도오 원지선사(道吾圓智禪師, 769~835)이다. 약산선사의 법제자로 운암의 사형이 된다. 당대(唐代)의 선승으로 속성은 장(張)씨이다. 강서성 예장(豫章) 해혼(海昏) 출신이다. 어린 시절 열반화상(涅槃和尙)에게 출가하였다. 나중에 약산선사를 모시고 공부하다가 깨달아 법을 이었다. 이후 여러 곳을 다니다가 호남성 담주(潭州) 장사부(長沙府)의 도오산(道吾山)에 머물며 후학을 지도하였다. 제자로는 석상 경저선사(石霜慶諸禪師)가 유명하다.

垂示

通身是眼이면 見不到며 通身是耳면 聞
통신시안　　　견부도　　통신시이　　문

不及이요 通身是口면 說不著이며 通身
불급　　　통신시구　　설불착　　　통신

是心이면 鑒不出이라 通身則且止하고 忽
시심　　　감불출　　통신즉차지　　홀

若無眼이면 作麼生見이며 無耳면 作麼
약무안　　　자마생견　　　무이　　자마

生聞이며 無口면 作麼生說이며 無心이면
생문　　무구　　자마생설　　　무심

作麼生鑒이리오 若向箇裏하야 撥轉得一
자마생감　　　약향개리　　　발전득일

善道하면 便與古佛同參하리라 參則且止
선도　　변여고불동참　　　참즉차지

하고 且道하라 參箇什麼人고
차도　　참개십마인

수시

온몸이[通身] 곧[是] 눈이라면[眼] 봄이[見] 이르지 못하고[不到], 온몸이[通身] 곧[是] 귀라면[耳] 들음이[聞] 미치지 못하며[不及]. 온몸이[通身] 곧[是] 입이라면[口] 말함이[說] 다다르지 못하고[不著], 온몸이[通身] 곧[是] 마음이라면[心] 살핌이[鑒] 나타나지 못한다[不出]. 온몸은[通身] 그만두고[則且止] 만일[忽若] 눈이 없다면[無眼] 어떻게[作麼生] 보며[見], 귀가 없으면[無耳] 어떻게 [作麼生] 듣고[聞], 입이 없으면[無口] 어떻게[作麼生] 말하고[說], 마음이 없으면[無心] 어떻게[作麼生] 살피겠는가[鑒]. 만약[若] 여기에서[向箇裏] 한 가닥 좋은 길을[一善道] 얻어[得] 쓴다면[撥轉], 곧[便]

옛 부처와[與古佛] 함께 자리할 것이다[同參].

고불과 함께 함은 그렇다 치고[參則且止], 어떤

이를 뵈어야 할지[參箇什麼人] 말해보라[且道].

 **松江**

아무리 전심전력을 다해 보고 듣고 말하고 살피더라도, 그것은 어디까지나 보고 듣고 말하고 살피는 것에 지나지 않는다. 그것이야 노력하는 사람이라면 가능한 일이다. 그래서 갖가지 결실을 거두기도 하는 것이다.

그런데 눈도 없고 귀도 없으며 입도 없고 마음도 없다면, 볼 수도 없고 들을 수도 없으며 말할 수도 없고 살필 수도 없는 것이다. 자 이런 사람은 대체 무엇을 어떻게 할 수 있겠는가?

여기에 이르러 사람들은 눈과 귀와 입과 마음까지도 만들려고 한다. 성능 좋은 기관을 다 갖추면 어떻게 될까? 세상에서는 그렇게 하려고 하기에 망치고 마는 것이다.

눈도 귀도 입도 마음도 없다면 오히려 부처와 함께할 것인데, 어째서 사람들은 거꾸로만 가려고 하는 것인가? 그 경지의 사람을 만날 생각은 없는 것인가? 어떻게 하면 그를 만날 수 있을까?

일천 개의 손과 눈을 어떻게 하면 자유자재로 쓸 수 있을까

本則

擧 雲巖問道吾호대 大悲菩薩이 用許
거 운암문도오 　　　　대비보살　 용허

多手眼하야 作什麼오 吾云 如人夜半
다수안　　 작십마오 오운 여인야반

背手摸枕子니라 巖云 我會也니다 吾云
배수모침자　　 암운 아회야　　 오운

汝作麼生會오 巖云 遍身是手眼이니다
여자마생회　 암운 편신시수안

吾云 道卽太煞道나 只道得八成이로다
오운 도즉태쇄도　 지도득팔성

巖云 師兄作麼生고 吾云 通身是手眼
암운 사형자마생　 오운 통신시수안

이니라

편신(遍身) 몸의 곳곳.

태쇄(太煞) 태쇄(太殺)와 같음. 매우. 그럴듯함.

통신(通身) 온몸. 몸 전체.

이런 얘기가 있다[擧].

운암스님이[雲巖] 도오스님께[道吾] 물었다[問]. "대비보살이[大悲菩薩] 그 많은[許多] 손과 눈을[手眼] 써서[用] 무얼 할까요[作什麼]?"

도오스님이 답했다[吾云]. "사람이[人] 밤중에[夜半] 등 뒤로[背] 손 뻗어[手] 베개를[枕子] 더듬어 찾는 것과[摸] 같지[如]."

운암스님이 말했다[巖云]. "제가 알았습니다[我會也]."

도오스님이 물었다[吾云]. "그대는[汝] 어떻게[作麼生] 알았는가[會]?"

운암스님이 말했다[巖云]. "몸의 곳곳이[遍身] 곧[是] 손이고 눈입니다[手眼]."

도오스님이 말했다[吾云]. "말인즉[道卽] 근사
한 말인데[太煞道], 다만[只] 팔 할을[八成] 말
했을 뿐이네[道得]."

운암스님이 물었다[巖云]. "사형은[師兄] 어떻
습니까[作麽生]?"

도오스님이 답했다[吾云]. "온몸이[通身] 곧
[是] 손과 눈이지[手眼]."

약산선사의 제자인 운암스님과 도오스님이 묻고 답하는 아름다운 광경이 펼쳐졌다.

사제인 운암스님이 사형인 도오스님에게 질문을 했다. "관세음보살은 천 개의 손과 눈을 가지고 계시는데, 그 많은 손과 눈을 써서 무얼 하시는 걸까요?"

운암스님은 뒷날 뛰어난 지도자로서 선풍을 드날린 분이시지만, 이때만 해도 아직 궁금증이 많은 시기였던가 보다. 그는 사형을 따라 공부하길 좋아했었다.

질문을 받은 도오스님은 곧바로 답했다. "마치 사람이 캄캄함 밤중에 달아난 베개를 손으로 더듬어 찾는 것과 같은 게지."

참으로 멋들어진 설명 아닌가. 공부하는 사람이라면 여기에서 눈이 번쩍 떠질 일이다. 하지만 아차 하는 순간 어긋난다.

역시나 운암스님이 "아, 몸의 곳곳이 손이고 눈이로군요." 하고 아는 체했다.

도오스님은 참 자상하신 분이다. 처음 질문에도 스스로 낮추어 자세히 보여주시더니, 두 번째도 역시 그런 모습을 보여 주신다.

"아주 그럴듯하게 말했지만 완벽하게 말하지는 못했군."

다시 운암스님이 사형의 가르침을 원하니, 이에 세 번째의 친절을 베풀었다. "온몸 그대로가 손이고 눈이라네."

이 정도로 친절을 베풀면 오히려 후학들을 그르칠 수도 있을 정도이다.

그럼 그렇지, 여전히 몸과 손과 눈 사이에서 오가고 있구면.

몇째 손과 눈이 가장 영험한가
지리산 천은사 천수천안

頌

遍身是 通身是여
편신시 통신시

拈來猶較十萬里로다
염래유교십만리

展翅鵬騰六合雲하야
전시붕등육합운

搏風鼓蕩四溟水로다
박풍고탕사명수

是何埃壒兮忽生하며
시하애애혜홀생

那箇毫釐兮未止오
나개호리혜미지

君不見가
군불견

網珠垂範影重重을
망주수범영중중

棒頭手眼從何起오
봉두수안종하기

咄
돌

육합(六合) 하늘 땅 동 서 남 북. 천하. 우주.

사명(四溟) 사해(四海).

망주(網珠) 제망주(帝網珠), 즉 제석천(Indra) 선법당(善法堂) 휘장의 구슬.

'몸의 곳곳'이[遍身] 옳은가[是] '온몸'이[通身] 옳은가[是],

이리 따지면[拈來] 오히려[猶] 아득히[十萬里] 멀어진다[較].

날개[翅] 편[展] 붕새[鵬] 천하의[六合] 구름에[雲] 올라[騰]

바람[風] 일으켜[搏] 사해의 물을[四溟水] 두드려 흔드네[鼓蕩].

이[是] 무슨[何] 먼지들이[埃壒兮] 홀연히[忽] 일어나며[生],

어찌하여[那] 이[箇] 터럭들은[毫釐兮] 그치지[止] 않는가[未].

그대는[君] 보지[見] 못하는가[不].

제석구슬[網珠] 고상한 모습으로[垂範] 겹겹이[重重] 빛남을[影].

주장자의[棒頭] 손과 눈은[手眼] 어디에서[從何] 일어날까[起].

쯧쯧[咄]!

 **松江**

‘몸의 곳곳’이 옳은가 ‘온몸’이 옳은가,

이리 따지면 오히려 아득히 멀어진다.

용어에 떨어져 따지며 옳으니 그르니 하지 말 것. 말이 끊어진 그 너머를 보라. 만일 그러지 못한다면 완벽한 해석이라도 완전히 엉뚱한 곳에 떨어지고 말 것이다.

날개 편 붕새 천하의 구름에 올라

바람 일으켜 사해의 물을 두드려 흔드네.

두 스님의 대화는 마치 붕새가 구름 위를 날며, 그 날개바람에 바닷물이 솟구치는 듯하다. 그런데도 이 강과 저 강을 따지고 있어서야 어쩌겠는가.

이 무슨 먼지들이 홀연히 일어나며,

어찌하여 이 터럭들은 그치지 않는가.

설두 노인네가 드디어 본색을 드러내었다. 앞에서 기껏 붕새가 어떻고 하더니만, 이제 먼지와 가는 터럭을 얘기하는구

나. 공부하는 이라면 앞에서 잠시 멈칫거렸더라도 여기서 분명히 알아차려야 하는 것이다. 무엇이 붕새이며 무엇이 먼지며 터럭인가?

그대는 보지 못하는가.
제석구슬 고상한 모습으로 겹겹이 빛남을.
설두스님의 노파심이 지나쳤다. 무슨 인드라망의 구슬들이 겹겹이 서로 주고받으며 빛나는 이치까지 가져오는가.

주장자의 손과 눈은 어디에서 일어날까.
쯧쯧!
주장자의 손과 눈을 언급한 것은 무슨 까닭일까? 역시 설두 노인네가 일을 수습할 줄 인다. 가득히 펼쳐 놓더니 순식간에 거두는구나. 자, 주장자의 손과 눈은 어디에 있는가?
쯧쯧!

무엇이 보이는가
기자들의 요청에 의해 촬영된 1979년 영구암 시절의 한산 화엄대선사

松江

    설두스님께서 선택한 아흔 번째 얘기는 지문(智門)선사와 어떤 스님의 문답이다.

    지문선사는 지문 광조선사(智門光祚禪師)이다. 송대(宋代) 운문종(雲門宗)의 선사이며 생몰연대는 기록이 없다. 절강성(浙江省) 절동(浙東) 출신으로 익주(益州, 四川省 成都) 청성산(靑城山)에 있는 향림원(香林院)의 징원선사(澄遠禪師, 908~987)에게 참학하고 깨달음을 인정받고 법을 이었다. 이후 수주(隨州) 쌍천(雙泉)에 거주했다가 지문사(智門寺)로 옮겨 종풍을 크게 떨쳤기에 지문 광조선사라고 존칭했다. 제자로는 벽암록의 송(頌)을 지은 설두 중현(雪竇重顯)선사를 비롯해 30여 인이 있고, 저서로는 『지문광조선사어록(智門光祚禪師語錄)』 1권이 있다.

垂示

聲前一句는 千聖不傳이요 面前一絲는
성전일구 천성부전 면전일사

長時無間이라 淨躶躶赤灑灑하야 頭鬆
장시무간 정나라적쇄쇄 두봉

鬆耳卓朔하면 且道하라 作麼生고 試擧
송이탁삭 차도 자마생 시거

看하라
간

소리 이전의[聲前] 한마디는[一句] 일천 성인도[千聖] 전하지 못하고[不傳], 눈앞의[面前] 한 실오라기는[一絲] 영원히[長時] 끊어지지 않는다[無間].

훌훌 벗고[淨躶躶] 텅 비어 깨끗하여[赤灑灑], 머리카락은 흐트러지고[頭鬖髿] 귀는 쫑긋 솟았다[耳卓朔].

자, 말해보라[且道]. 어떠한가[作麼生]? 본칙을 보도록 하자[試擧看].

松江

　말과 문자로 표현된 것은 이미 '그것'이 아니다. 말로써 진리를 전한다거나 혹은 깨달음을 전달한다는 것은 거짓이다. 서로 빙긋 웃고 통해 버리면 더 이상 말이 필요 없지만, 통하지 못한 것을 말로 통하려고 하니 자꾸 어긋나고 오해만 커진다.

　자신의 진면목을 본 사람은 이미 걸림도 두려움도 없다. 그러니 의지할 것도 없고 구할 것도 없는 것이다.

　이미 허공처럼 텅 비었으니 누구에게 잘 보이려고 꾸미지도 않고 어떤 그물에도 걸리지 않는다.

　자, 이런 이를 본 적이 있는가?

바이샬리 대림정사(大林精舍)
유적지에서 부처님 말씀을 들을 수 있는가

擧 僧問智門호대 如何是般若體닛고 門
거 승문지문　　여하시반야체　　　문

云 蚌含明月이니라 僧云 如何是般若
운 방함명월　　　　승운 여하시반야

用이닛고 門云 兔子懷胎니라
용　　　문운 토자회태

반야체용(般若體用) 깨달음으로 회복한 본래의 지혜이며 초월적 지혜인 반야의 실체(體)와 작용(用). 일반적으로 반야를 셋으로 나누어 실상반야(實相般若)·관조반야(觀照般若)·문자반야(文字般若)라고 한다. 실제로서의 반야인 실상반야는 본체(本體)의 입장이고, 대상을 있는 그대로 살펴 아는 관조반야는 작용(作用)의 입장이며, 문자반야는 반야에 대해 언어적인 설명을 한 것을 가리킨다.

방함명월(蚌含明月) 조개가 밝은 달을 머금음. 중국의 옛 전설에 나오는 이야기에서 가져옴. 중국의 한강(漢江)에 방합(蚌蛤)이라는 큰 민물조개가 있는데 중추절이 되면 수면으로 떠올라 입을 벌리고 밝은 달과 교감(交感)하여 진주를 만들어 낸다고 하였음. 중국 전국시대 진(秦)나라의 정치가이며 거부였던 여불위(呂不韋)가 전국의 논객들과 식객들을 모아 춘추전국시대의 모든 사상을 절충·통합시키고 세밀하게 분석하여 정치와 율령의 참고로 삼기 위해 저술하게 한 일종의 백과사전인 〈여씨춘추(呂氏春秋)〉에 실려 있는 이야기.

토자회태(兎子懷胎) 토끼가 새끼를 뱄다. 중국의 옛 전설에 등장하는 얘기. 음(陰)에 속한 토끼가 중추절에 달이 뜨면 달의 정기를 마시고 새끼를 밴다는 이야기.

이런 얘기가 있다[擧].

어떤 스님이[僧] 지문선사께[智門] 여쭈었다[問].

"어떤 것이[如何是] 반야의[般若] 본체입니까[體]?"

지문선사께서[門] 말씀하셨다[云].

"조개가[蚌] 밝은 달을[明月] 머금었다[含]."

다시 그 스님이 여쭈었다[僧云].

"어떤 것이[如何是] 반야의[般若] 작용입니까[用]?"

지문선사께서[門] 답하셨다[云].

"토끼가[兎子] 새끼를 뱄다[懷胎]."

松江

　사람들은 예나 지금이나 쪼개어 분석하고 따지기를 좋아한다. 반야 자체가 말로 설명이 불가능한 것인데, 다시 본체와 작용을 나누어 접근하는 것이 학자들의 연구방식이다. 궁금증 많은 학승도 역시 마찬가지인 모양이다. 그렇다면 선사들은 어떻게 볼까?

　여기 멋진 예가 있다.

　어떤 스님이 지문선사께 반야의 본체가 무엇이냐고 여쭈었다. 그러자 지문선사는 기막힌 답을 하셨다. "조개가 밝은 달을 머금었다." 참으로 분명하지 않은가. 하지만 이리저리 머리 굴리는 사람에겐 암호문 비슷할 것이다. 아마도 질문한 스님도 그랬던 모양이다. 그래서 다시 반야의 작용은 어떤 것이냐고 질문을 했다. 이런 답답한 친구가 있나. 이미 앞에서 그렇게도 친절하게 말씀해 주셨건만 무슨 잠꼬대인가? 하지만 지문선사는 자비롭다. "토끼가 새끼를 밴 것이지." 이번에는 그 스님이 알아들었을까? 아마도 아직까지 머리 굴리고 있나 보다.

달을 쪼개어 달을 찾으면 이미 달이 아니고, 빛을 가두어 빛이라 하면 이미 빛이 아니다. 오직 휘영청 밝고 둥근 달을 보라.

어디까지가 실제이고 어디부터가 그림자일까
인도 아그라의 제이피 팰리스 호텔에서 – 2017년 2월 22일 밤 9시

一片虛凝絶謂情이라
일 편 허 응 절 위 정

人天從此見空生이로다
인 천 종 차 견 공 생

蚌含玄兎深深意를
방 함 현 토 심 심 의

曾與禪家作戰爭하니라
증 여 선 가 작 전 쟁

허응(虛凝) 텅 비고 견고(常住不滅)한 것. 반야를 가리킴.

위정(謂情) 언어(謂)와 분별작용(情-情識-헤아리는 작용).

견공생(見空生) 수보리를 봄. 원오선사의 평창에서 다음의 고사를 인용하고 있음.

어느 날 수보리(空生)가 바위에 앉아 있는데 하늘에서 꽃비를 내리며 찬탄했다. "공중에 꽃비를 내리며 찬탄하는 이는 누구인가?" "저는 브라만 천신(범천)입니다." "그대는 왜 나를 찬탄하는가?" "저는 존자께서 반야바라밀다를 잘 말씀하시는 것을 소중히 여깁니다." "나는 반야에 대해 한마디도 말하지 않았는데, 그대는 무엇 때문에 찬탄하는가?" "존자께서는 설하심이 없었고 저도 들음이 없었습니다. 설하심도 없고 들음도 없는 이것이 진실한 반야입니다." 그리고는 다시 대지를 진동시키며 꽃비를 내렸다고 한다.

방함현토(蚌含玄兎) 조개의 머금음과 현묘한 토끼. 방함명월(蚌含明月) 토자회태(兎子懷胎)를 줄인 것.

한 조각[一片] 비고 견고함이[虛凝] 언어 분별
을[謂情] 끊어[絶]
인간과 천신들[人天] 이로부터[從此] 수보리를
[空生] 보았네[見].
조개의 품음과[蚌含] 현묘한 토끼의[玄兎] 깊고
깊은 뜻[深深意]
일찍이[曾] 선가에[禪家] 던져[與] 설왕설래케
하였네[作戰爭].

松江

한 조각 비고 견고함이 언어 분별을 끊어

   반야에 대해 이러쿵저러쿵 말들도 많고 각자의 논리와 지식으로 분석하고 접근도 하지만, 반야란 본디 그런 것들을 초월하고 있을 뿐만 아니라, 뭐라고 얘기할 대상이 아닌 것이다. 그렇다면 반야란 허무한 것이 아닌가? 하지만 반야를 활용하는 경지에서는 없는 것도 아니고 사라지는 것도 아닌 것이 또한 반야이다. 그러니 쪼개서 알려고 하지 말고 스스로 쓸 수 있는 경지에 이르는 것이 유일한 방법이다.

   인간과 천신들 이로부터 수보리를 보았네.

   언어를 초월하고 있는 것이 반야이기에 수보리존자와 범천의 주고받은 얘기가 전하는 것이다. 하지만 수보리존자가 정말 반야를 보여준 것인가? 그렇다고도 할 수 있지만 만약 그렇게만 본다면 바위나 고목도 반야를 보여주는 셈이 아니겠는가. 수보리존자와 범천의 얘기는 괜스레 범천만 돋보이게 하였다. 반야를 잘 설했다는 수보리존자의 앉음을 두고 아니라고 하기도 그렇지만, 그렇다고 가장 적절하다고 하기도 그렇다. 이 구절을 말할 때 몽둥이를 들었어야 했다.

조개의 품음과 현묘한 토끼의 깊고 깊은 뜻

조개를 살피거나 토끼를 쫓지 말 것. 그 순간 반야는 사라져 버린다. 조개가 밝은 달을 머금고 토끼가 달빛을 삼켜 새끼를 배었다는 이 얘기에 반야의 모든 것을 잘 보여주고 있지만, 함정 또한 교묘하니 제대로 보물을 취할 수 있으려나?

일찍 선가에 던져 설왕설래케 하였네.

지문화상의 이 답이 전해진 이후로 내로라하는 선객들 모두 한마디씩 하며 옳고 그름을 따져왔구나. 그런다고 지문화상의 그림자라도 그릴 수 있을까? 그 모든 것을 단박 놓고 보라. 반야가 스스로 온전한 모습을 보여줄 것이다.

스리랑카 담불라(Dambulla) 사원의 연못
연못이 해를 품었는가. 해가 연못을 비추고 있는가
2007년 성지순례 시 촬영

제91칙

염관서우선자
(鹽官犀牛扇子)

염관선사의 무소뿔 부채

松江

설두스님께서 선택한 아흔한 번째 얘기는 염관(鹽官)선사와 어떤 스님의 문답이다. 그리고 투자스님·설두스님·석상스님·자복스님·보복스님이 뒷날 한마디씩 덧붙인 내용을 올렸다.

염관선사는 염관 제안선사(鹽官齊安禪師)이다. 당대(唐代) 말기의 선사이며, 남악 회양(南嶽懷讓)선사 문하인 마조 도일(馬組道一)선사의 법제자이다. 속성은 이씨(李氏)이고 절강성(浙江省) 해문군(海門郡) 태생이다. 당나라 종실(宗室)의 후예로 어릴 때부터 출가할 뜻을 세워 해문군의 운종선사(雲琮禪師)에게 가 배우고 삭발했다. 남악 지엄율사(南嶽智嚴律師)에게서 구족계를 받고 율의(律儀)를 배웠다. 이후 강서(江西) 마조 도일(馬祖道一)을 뵙고 지도를 받고 깨달음을 얻어 법제자가 되었다. 나중에 여러 지역을 떠돌며 교화했는데, 원화(元和) 말년 나이가 일흔을 넘어 황폐해진 지 오래인 월주(越州) 소산(蕭山) 법락사(法樂寺)를 중수했다.

그때 항주(杭州) 염관현(鹽官縣) 해창(海昌)의 법흔(法昕)스님이 해창원(海昌院)을 창건하고 스님을 모셔 주석케 하니, 배우려는 사람으로 가득 차 선풍(禪風)을 크게 드날렸다. 회창(會昌) 2년 세수(世壽) 90여 세로 편안히 앉아 입적했다. 선종(宣宗)이 오공대사(悟空大師)란 호를 하사했다. 무종(武宗)의 파불(破佛) 이후 선종이 불법(佛法)을 일으켰던 것도 일찍이 스님의 감화(感化)를 받았기 때문이었다. 해창원이 있는 염관 지역 이름을 따서 염관선사라고 존칭했다.

垂示

超情離見하고 去縛解粘하야 提起向上
초정이견　　거박해점　　제기향상

宗乘하며 扶竪正法眼藏인댄 也須十方
종승　　부수정법안장　　야수시방

齊應하고 八面玲瓏하야 直到恁麼田地
제응　　팔면영롱　　직도임마전지

니라 且道하라 還有同得同證하며 同死同
차도　　환유동득동증　　동사동

生底麼아
생저마

초정이견(超情離見) 정(情)은 번뇌이고 견(見)은 지식으로 인한 견해이기에, 번뇌를 초월하고 견해에서 벗어남을 뜻함.

거박해점(去縛解粘) 박(縛)은 교리 등에 속박되는 것이고 점(粘)은 수행 방법에 안주해 버리는 것이므로, 이론을 떠나고 수행 방법으로부터 자유로워지는 것을 가리킴.

제기(提起) 분발시키다. 드러내다.

향상종승(向上宗乘) 향상(向上)은 발전한다는 뜻이고 종승(宗乘)은 가장 핵심적인 가르침이라는 뜻이니, 여기에서 선풍을 드날려 깨달음으로 인도한다는 말.

부수정법안장(扶竪正法眼藏) 정법안장을 똑바로 세움. 즉 부처님의 바른 교법을 똑바로 세움.

팔면(八面) 여러 방면. 여러 측면.

전지(田地) 논과 밭. 경지.

수시

번뇌도 초월하고[超情] 견해로부터 벗어나며[離見] 이론을 떠나고[去縛] 수행 방법에서도 자유로워져서[解粘] 드높은 선풍을[向上宗乘] 드날리고[提起] 부처님의 바른 교법을[正法眼藏] 똑바로 세우려 한다면[扶竪], 또한[也] 모름지기[須] 모든 곳에[十方] 두루[齊] 응하고[應] 여러 방면에[八面] 밝고 뚜렷해야[玲瓏] 곧바로[直] 이러한[恁麼] 경지에[田地] 이를 것이다[到].

자 말해보라[且道]. 또한[還] 함께 얻고[同得] 함께 깨달으며[同證] 함께 죽고[同死] 함께 살 수[同生] 있을까[有~底麼]?

　감정을 자극하는 법문은 법문이 아니다. 자신의 편견을 대중에게 강요하는 것도 설법이 아니다. 어느 경론만이 가치 있다고 역설하거나 어느 수행법만이 유일한 것이라고 강변하는 이도 선지식이 아니다. 이런 모든 것으로부터 자유로워져서 필요에 따라 가장 적절한 방법으로 인도할 수 있는 사람이라야 비로소 정법의 깃발을 휘날리게 하고, 부처님의 정법을 잘 보존하고 전하는 선지식이 되는 것이다. 복잡다단한 세상 사람들을 만나기 위해서는 팔방미인이 되어야 하고, 어떤 전문가와 만나더라도 바른 길을 제시할 수 있어야만 비로소 부처님과 함께하는 사람이다.

　자, 어떻게 해야만 그러한 경지에 이르며, 또한 그런 경지에 이른 사람과 함께 할 수 있을까? 본칙에 좋은 예가 있다.

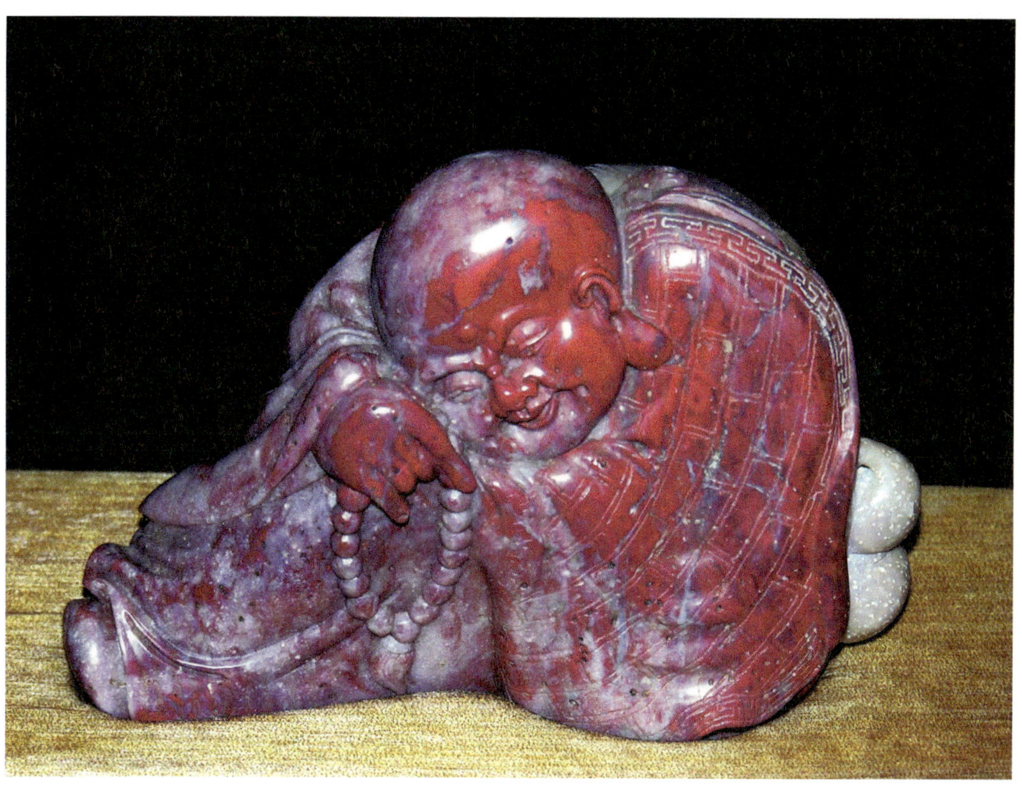

모든 사람들의 근기에 맞춰 지도한 선지식 중의 한 분인 계차(契此)스님
흔히 포대화상(布袋和尙)이라고 하며 미륵의 화현이라고도 함
명대(明代) 조상 계혈석(鷄血石) 포대화상. 개화사 소장

本則

擧 鹽官이 一日에 喚侍者하야 與我將犀
거 염관 일일 환시자 여아장서

牛扇子來하라 侍者云 扇子破也니다 官
우선자래 시자운 선자파야 관

云 扇子旣破인댄 還我犀牛兒來하라 侍
운 선자기파 환아서우아래 시

者無對라 投子云 不辭將出이나 恐頭
자무대 투자운 불사장출 공두

角不全이라 雪竇拈云 我要不全底頭
각부전 설두념운 아요부전저두

角이로다 石霜云 若還和尙卽無也니다
각 석상운 약환화상즉무야

雪竇拈云 犀牛兒猶在니라 資福畵一
설두념운 서우아유재 자복화일

圓相하고 於中書一牛字하다 雪竇拈云
원상 어중서일우자 설두념운

適來爲什麼不將去인고 保福云 和尙
적래위십마부장거 보복운 화상

年尊하니 別請人好니다 雪竇拈云 可惜
연존　　　별청인호　　　설두념운　가석

勞而無功이로다
로이무공

이런 얘기가 있다[擧].

염관선사께서[鹽官] 어느 날[一日] 시자를 불렀다[喚侍者]. "무소뿔[犀牛] 부채를[扇子] 가져와서[將~來] 내게 다오[與我]."

시자가 말씀드렸다[侍者云]. "부채가 부서졌습니다[扇子破也]."

염관선사께서 말씀하셨다[官云]. "부채가 부서졌다면[扇子旣破] 무소를[犀牛兒] 내게 되돌려 다오[還我~來]."

시자가[侍者] 대꾸를 못 했다[無對].

이어지는 부분 – 뒷날 이 얘기를 전해 들은 스님들이 시자를 대신해 한마디씩 했고, 거기에 설두스님이 촌평을 한 내용이다.

투자스님이 말했다[投子云]. "가져다 드리는 것은[將出] 사양치 않겠으나[不辭] 뿔이[頭角] 온전치 않을까[不全] 걱정됩니다[恐]."

설두스님이[雪竇] 논평을 했다[拈云]. "나는[我] 온전치 않은 뿔이[不全底頭角] 필요하다[要]."

석상스님이 말했다[石霜云]. "스님께 돌려드리려고 하니[若還和尙] 없군요[卽無也]."

설두스님이[雪竇] 논평을 했다[拈云]. "무소는[犀牛兒] 그대로 있구먼[猶在]."

자복스님이[資福] 동그라미를 그리고는[畵一圓相] 그 안에[於中] 소 우 자 한 자를[一牛字] 썼다[書].

설두스님이[雪竇] 논평을 했다[拈云]. "아까는[適來] 무엇 때문에[爲什麽] 내놓지 않았는가

[不將去]?"

보복스님이 말했다[保福云]. "스님께서는[和尙] 연세가 많으시니[年尊] 다른 사람을 시자로 두시지요[別請人好]."

설두스님이[雪竇] 논평을 했다[拈云]. "노력했으나 소용이 없음이[勞而無功] 안타깝다[可惜]."

염관선사께서 사람을 시험함이 번개 같다. 자신이 쓰던 부채가 부서졌음을 모를 리가 없건만, 갑자기 시자를 불러 무소뿔 자루의 부채를 가져오라고 시키셨다. 선지식의 가르침은 이처럼 예측불허이다. 그렇기 때문에 준비가 되어 있지 않은 사람은 가르침인 줄을 모른다. 이 시자도 그랬다. 그래서 겨우 한다는 답이 "부채가 부서진 것은 스님께서도 아시잖습니까?"였다.

염관선사께서는 참 자애로우시다. 몽둥이가 날아갈 만도 하련만 다시 또 은근히 가르치셨다. "부채 부서진 것이야 나도 알지. 부채 말고 무소를 데려오면 되지 않겠느냐." 이보다 친절할 수는 없다. 하지만 친절도 아는 사람에게만 진절인 것이다. 안타깝게도 시자는 그것이 친절한 가르침인 줄을 몰랐다. 무슨 말인지를 생각하느라 답도 못했다. 생각하면 이미 늦다.

뒷날 이 얘기를 가지고 누군가 다른 선사들께 여쭈어봤나 보다. 몇 가지 답을 살펴보자.

투자선사는 "데려다 놓는 것은 어렵지 않으나 뿔이 온전치 않을까 염려됩니다."라고 하였다. 염관선사의 함정을 묘하게 피하면서 답을 한 것이다. 설두스님은 투자스님의 함정을 간파했다. 그래서 "온전치 않은 뿔이 필요하다."고 한 것이다.

석상스님은 "돌려드리려고 하니 없군요."하며 역시 염관선사의 함정을 건너뛰었다. 이에 설두스님은 "무소는 그대로 있구먼."하며 석상스님의 함정을 간파해 보였다.

자복스님은 동그라미를 그린 후 그 안에 소 우 자(牛)를 써넣었다. 조용히 자신의 무소를 드러내 보인 것이다. 이에 설두스님은 "진작 그랬으면 좋았을 걸."이라고 평했는데, 이 또한 자복스님의 방법으로 평한 것이다.

보복스님은 "스님이 연세가 많으시다 보니 오락가락하십니다. 다른 시자를 두시는 것이 좋겠습니다."고 멋지게 답했다. 누가 과연 이처럼 간파해 버릴 수 있을까? 염관선사에게 통째로 드러내 보인 격이지만, 후학들에겐 엄청난 함정이 되는 표현이다. 그래서 설두스님은 "그렇게 애쓴다고 후학들이 알기나 할까?"하고 평을 했다.

화살이 나는 것을 보는 것은 대단한 것이 아니다. 화살이 맞는 곳(落處)을 봐야 한다. 보는 눈이야 동일하겠지만, 표현 방법은 또 이처럼 각자 다르다. 그러니 종일 남의 흉내나 낸다고 무슨 영험이 있겠는가. 자기의 것을 내보일 수 있어야 한다.

앞인가 뒤인가 함께인가
다람살라에서 존자님을 모시던 장면

犀牛扇子用多時어늘
서 우 선 자 용 다 시

問著元來總不知로다
문 착 원 래 총 부 지

無限淸風與頭角은
무 한 청 풍 여 두 각

盡同雲雨去難追로다
진 동 운 우 거 난 추

雪竇復云
설 두 부 운

若要淸風再復하고 頭角重生인댄
약 요 청 풍 재 복　　　두 각 중 생

請禪客하노니 各卜一轉語하라
청 선 객　　　각 하 일 전 어

問云
문 운

扇子旣破인댄 還我犀牛兒來하라
선 자 기 파　　　환 아 서 우 아 래

時有僧出云
시 유 승 출 운

大衆은 參堂去하라
대 중　 참 당 거

雪竇喝云
설 두 할 운

抛鉤釣鯤鯨터니 釣得箇蝦蟆로다하고
포 구 조 곤 경　　 조 득 개 하 마

便下座하다
변 하 좌

다시(多時) 오랜 시일. 많은 시간. 항상. 늘.

문착(問著) 물어보면.

무소뿔[犀牛] 부채를[扇子] 항상 쓰면서도[用多時]

물어보면[問著] 전부터[元來] 모두[總] 모르네[不知].

한없는[無限] 맑은 바람과 무소의 뿔은[淸風與頭角]

구름 비 지남과[雲雨去] 같아[盡同] 쫓기[追] 어렵네[難].

설두스님께서[雪竇] 다시 말씀하셨다[復云].

"만약[若] 맑은 바람[淸風] 다시 일으키고[再復] 뿔이[頭角] 다시 돋기를[重生] 바란다면[要], 청하노니 선객들이여[請禪客] 멋진 한마디를[一轉語] 각각[各] 일러보라[下]."

(아무 말이 없자) 다시 물었다[問云].

“부채가[扇子] 부서졌다면[旣破] 다시[還] 내게[我] 무소를[犀牛兒] 데려오라[來].”

이때[時] 어떤 스님이[有僧] 나서서 말했다[出云].

“여러분[大衆] 참선하러 처소로 돌아갑시다[參堂去].”

설두스님께서[雪竇] 고함을 치시고 말씀하셨다[喝云].

“낚시를 던져[抛鉤] 고래를 낚으려 했더니[釣鯤鯨] 이따위 새우가[箇蝦蟆] 낚였구나[釣得].”

(그리고는) 곧바로[便] 법좌에서 내려오셨다[下座].

 **松江**

무소뿔 부채를 항상 쓰면서도

물어보면 전부터 모두 모르네.

　찰나도 떠난 적이 없는 것이라서 항상 사용하던 것이다. 하지만 어쩌겠는가. 무소뿔에 걸리고 부채에 눈이 먼 것을. 부서진 적이 단 한 번도 없건마는 시자는 부서졌다고만 하는구나. 쓰면서도 모르는 것이 본디 자기 집 보물이긴 하지.

　한없는 맑은 바람과 무소의 뿔은

구름 비 지남과 같아 쫓기 어렵네.

　맑은 바람이라느니 무소의 뿔이라느니 하며 찾으려고 이리저리 쏘다니지 말 것. 찾으려 하면 멀어지는 것이 또한 그것이라네. 이미 흩어진 구름을 찾고 지나가버린 비를 잡으려 한다고 어디 가능키나 한 일인가. 번개를 잡는 솜씨가 있어야만 할 것이다.

설두스님께서 다시 말씀하셨다.

"만약 맑은 바람 다시 일으키고 뿔이 다시 돋기를 바란다면, 청하노니 선객들이여 멋진 한마디를 각각 일러보라."

이 노인네가 다시 병이 도졌구먼. 대중을 위하는 노파심을 누가 말리겠는가. "만약 맑은 바람 다시 일으키고 뿔이 다시 돋기를 바란다면"이라고 할 때, 법상을 엎었어야 했다.

(아무 말이 없자) 다시 물었다.

"부채가 부서졌다면 다시 내게 무소를 데려오라."

일찍 법상을 엎지 않은 폐단이 심각하다. 이 노인네가 어디까지 갈 참인가. 자비가 지나치면 큰 병을 만드는 법이다.

이때 어떤 스님이 나서서 말했다.

"여러분 참선하러 처소로 돌아갑시다."

설두스님께서 고함을 치시고 말씀하셨다.

"낚시를 던져 고래를 낚으려 했더니 이따위 새우가 낚였구나.”

(그리고는) 곧바로 법좌에서 내려오셨다.

어딜 가나 이렇게 뒷북 치는 친구들이 꼭 있다. 법상을 엎어도 시원찮을 판에 참선하러 돌아가자니. 참선을 해서 뭘 어쩌자는 것인가. 설두 노인네의 노파심이 결국 이런 상황을 만들고 말았구나. 만일 어설픈 사람이었다면 함께 나락에 떨어질 수도 있겠으나 설두 노인네는 그렇게 만만한 늙은이가 아니다. 결국 자신의 노파심으로 인해 새우 같은 조무래기를 만나게 되었음을 실토한 후, 고함 한마디 내질러 탈출구를 열었다.

인도 기원정사의 유적지 중심엔 부처님께서 머무시며 가르침을 설하셨
던 여래향실이 있다. 그 입구에는 수행자인지 아닌지 확인할 길이 없는
이들이 앉아 종일 순례자의 손끝만 보고 있다
그들에겐 부처님도 부처님의 가르침도 관심 밖이다

松江

설두스님께서 선택한 아흔두 번째 얘기는 석가모니부처님과 문수보살의 거량이다.

이 얘기는 고려 각운스님이 선종(禪宗)에서 전해지던 공안(公案) 등을 집성한 『선문염송(禪門拈頌)』 제1권 〈승좌(陞座)〉의 내용과 일치한다.

垂示

動絃別曲_은 千載難逢_{이요} 見兎放鷹
동 현 별 곡　　천 재 난 봉　　견 토 방 응

_은 一時取俊_{이라} 總一切語言爲一句_하
　　일 시 취 준　　총 일 체 어 언 위 일 구

_고 攝大千沙界爲一塵_{이라} 同死同生_{인댄}
　　섭 대 천 사 계 위 일 진　　동 사 동 생

七穿八穴_{이어니와} 還有證據者麼_아 試擧
칠 천 팔 혈　　환 유 증 거 자 마　　시 거

看_{하라}
간

동현별곡(動絃別曲) 거문고 줄을 튕겨도 곡을 아는 사람. 지음(知音).『열자(列子)』〈탕문편(湯問篇)〉에 다음과 같은 얘기가 있다. 백아가 거문고를 들고 어떤 마음으로 이것을 타면 종자기가 옆에서 그것과 연관된 얘기를 하면서 감탄하였다. 종자기가 죽자 백아는 거문고를 부수고 줄을 끊은 다음 다시는 거문고를 타지 않았다. 다시는 자기 거문고 연주를 알 사람이 없다고 생각했기 때문이다. 세상 사람들은 이 둘의 관계를 지음(知音)이라 했다.

대천사계(大千沙界) 대천항하사세계(大千恒河沙世界)의 줄임말. 세계×1,000=소천세계(小千世界), 소천세계×1,000=중천세계(中千世界), 중천세계×1,000=대천세계(大千世界). 항하사는 갠지스 강의 모래알 수.

칠천팔혈(七穿八穴) 일곱 번 뚫고 여덟 번 뚫음. 칠통팔달(七通八達)과 같은 뜻. 자유자재함.

거문고 뜯는 소리 듣고[動絃] 곡조를 알아차리는 사람은[別曲] 천 년 동안이라도[千載] 만나기 어렵고[難逢], 토끼를 보자[見兎] 매를 날리는 사람은[放鷹] 단번에[一時] 준걸을 취한다[取俊]. 모든 언어를 모아[總一切語言] 한 구절로 만들고[爲一句]

온 우주를 포섭하여[攝大千沙界] 한 티끌로 만든다[爲一塵]. 함께 죽고 함께 산다면[同死同生] 자유자재하겠지만[七穿八穴], 다시 입증할 자가 있는가[還有證據者麼]? 자, 본칙을 보자[試擧看].

　말없이도 마음과 마음이 통하는 사람을 만나는 것은 참으로 어렵다. 그런 벗이 있다면 세상 그 무엇과 바꿀 수 있겠는가. 하지만 일생 그런 벗도 없다면 어떻게 살았는지를 돌이켜 봐야 할 것이다.

　눈앞에 어떤 상황이 벌어지건 즉각 가장 적절한 방법으로 대응할 수 있는 사람이라면 천하의 인재를 놓치지 않을 것이다. 그런 사람이라면 팔만대장경을 한 마디로 만들 수 있고, 상상을 초월하는 엄청난 것이라도 먼지 하나처럼 만들어버린다.

　만약 그런 사람과 생사를 함께 하며 자유자재한 삶을 살 수 있다고 하더라도 누가 그것을 입증할 수 있으려나?

이 보살이 연주하는 음악을 아는 사람이 누구인가

擧 世尊이 一日에 陞座러니 文殊白槌云
거 세존　일일　승좌　문수백추운

諦觀法王法하니 法王法如是니다 世尊
체관법왕법　법왕법여시　세존

便下座하시다
변하좌

백추(白槌) (1) 수행자에게 무엇을 알릴 때에 나무 방망이로 나무 기둥을 쳐서 집중시키는 것. (2) 설법이 있을 때 종을 쳐 대중에게 알리는 것.

체관(諦觀) 자세히 살펴봄. 자세한 관찰.

체관법왕법(諦觀法王法)~ 각운스님의 『선문염송』〈설화(說話)-설명〉에 따르면 다음과 같은 내용이다.

이 화두는 『대집경(大集經)』에서 나온 것이다 … 평상시의 설법궤의(說法軌儀)에는 장로가 법좌에 오르면 유나(維那)가 종을 치고는 "법연(法筵-법석)에 모인 용상의 대중들이여(法筵龍象衆), 마땅히 제일의를 관하시오(當觀第一義)."라고 하고, 설법이 끝나면 다시 종을 치고는 "법왕의 법을 자세히 살피니(諦觀法王法) 법왕의 법이 이러합니다(法王法如是)."라고 한다. 그런데 문수보살은 왜 거꾸로 한 것인가……

이런 얘기가 있다[擧]. 세존께서[世尊] 어느 날[一日] 법좌에 오르시니[陞座] 문수보살이 종을 치고 말하였다[文殊白槌云]. "법왕의 법을 자세히 살피니[諦觀法王法] 법왕의 법이 이러합니다[法王法如是]." 세존께서 곧바로 법좌에서 내려오셨다[世尊便下座].

松江

　자, 이번에는 석가세존과 문수보살 간의 희롱이다. 석가세존께서 법좌에 오르시니, 문수보살이 종을 치고는 "부처님의 설법을 살피니 이와 같습니다."하고 큰 소리로 말해버렸다. 여기 한마디라도 보태면 뱀의 다리를 그리는 셈이다. 부처님은 곧바로 법좌에서 내려오셨다. 하마터면 큰 낭패 당할 뻔했다.

　문수보살은 부처님을 도운 것인가, 아니면 한 방 먹인 것인가. 하지만 문수보살이 한 일이 약인지 독인지를 잘 알아야 한다. 문수보살에게 속은 이가 항하사보다 많다는 사실을 아는가.

중국 오대산 대라정 사자후문수보살

列聖叢中作者知라
열 성 총 중 작 자 지

法王法令不如斯를
법 왕 법 령 불 여 사

會中若有仙陀客런들
회 중 약 유 선 타 객

何必文殊下一槌리오
하 필 문 수 하 일 추

열성(列聖) 부처님의 뛰어난 제자들.

법령(法令) 법적 효력을 가진 법규를 통틀어 이르는 말. 법률(法律)과 명령(命令). 여기서는 부처님께서 깨달으신 진리.

선타객(仙陀客) 선타바(仙陀婆, Saindhava, Sindhu)를 알아듣는 이심전심의 사람. 『대반열반경(大般涅槃經)』 권9에 '왕색선타바(王索仙陀婆)' 즉 '왕이 선타바를 찾다'라는 얘기가 있다. 「예를 들면 대왕이 많은 신하에게 "선타바를 가져오라!"고 말하는 것과 같다. 선타바는 네 가지 물건의 이름을 일괄해서 부르는 대명사로, 소금·그릇·물·말의 네 가지를 가리킨다. 지혜가 있는 신하는 왕이 씻고 있을 때 "선타바!" 하면 곧 물을 대령하고, 식사할 때 "선타바!" 하면 소금을 대령하며, 식사 후 "선타바!" 하면 물이나 차가 담긴 그릇을 대령하고, 외출하고 싶을 때 "선타바!" 하면 곧 말을 대령시킨다. 이처럼 지혜 있는 신하는 왕의 네 가지 표현을 실수 없이 이해하여 처리한다.」

무수한 성인들 중에[列聖叢中] 눈 밝은 이는[作者] 알리라[知]

부처님 깨달은 진리는[法王法令] 이와 같지 않음을[不如斯].

대중 가운데[會中] 만약[若] 지혜로운 이[仙陀客] 있었다면[有]

어찌 꼭[何必] 문수보살이[文殊] 종을 한 번 쳤겠는가[下一槌].

 **松江**

무수한 성인들 중에 눈 밝은 이는 알리라
부처님 깨달은 진리는 이와 같지 않음을.

부처님의 모든 설법을 다 외우더라도 거기엔 깨달음이 없다. 그래서 아난존자가 칠엽굴 앞에 서 있게 되었던 것이다. 하지만 사람들은 부처님의 말씀만을 보물처럼 여기며 자기 보물을 찾지 않으니, 부득이 문수보살이 팔을 걷고 나선 것이다. 문수보살은 부처님께서 입도 벙긋하시기 전에 이미 법문이 끝났음을 알렸다.

아차! 문수보살은 부처님의 설법보다 나은 것을 대중에게 줄 수 있었을까? 말로 말 없음을 드러내기도 하고, 말 없음으로 말을 드러내기도 하는 법이지.

대중 가운데 만약 지혜로운 이 있었다면
어찌 꼭 문수보살이 종을 한 번 쳤겠는가.

문수보살이 종을 치고 부처님의 설법이 끝났음을 대중에게 알린 것은 참 재빠른 솜씨다. 하지만 근본의 입장에서 봤을 때 문수보살의 이 행위가 부처님께서 깨달으신 진리를 그대로 드러내었다고 할 수는 없다. 이미 제일의(第一義)에서 벗어나 제이의(第二義)에 떨어지고 만 것이니, 한참 멀어지고 만 것이다. 만약 대중들이 모두 깨달음에 이른 이들이었다면 어떠했을까? 문수보살은 말할 것도 없거니와 석가 노인네도 할 일이 없었을 것이다.

세상에 눈 밝은 사람만 있었다면 영취산 독수리바위가 알려지기나 했을
까

松江

　설두스님께서 선택한 아흔세 번째 얘기는 대광선사(大光禪師)와 어떤 스님의 대화이다.

　대광선사는 당대(唐代)의 스님으로 대광 거회(大光居誨, 837~903)화상이다. 법호인 대광은 주석한 대광산(大光山)에서 비롯되었다. 속성은 왕씨(王氏)이고 산서성(山西省) 경조(京兆-현 西安) 출신이다. 석상 경저(石霜慶諸)선사의 법을 이어받고 담주(潭州) 대광산에 주석하며 후학을 지도했다.

本則

擧 僧問大光호대 長慶道 因齋慶讚이라
거 승문대광　　장경도 인재경찬

하니 意旨如何오 大光作舞라 僧禮拜하
의지여하　　대광작무　　승예배

니 光云 見箇什麼便禮拜아 僧作舞어늘
광운 견개십마변예배　　승작무

光云 這野狐精아
광운 저야호정

장경도 인재경찬(長慶道因齋慶讚) 제74칙의 금우작무(金牛作舞)에
서 장경선사가 말씀하신 내용.

이런 얘기가 있다[擧].

어떤 스님이[僧] 대광선사께[大光] 여쭈었다[問]. "장경스님께서[長慶] '공양 때에[因齋] 불보살님을 찬탄하면서 감사히 먹겠습니다[慶讚]'고 말씀하셨는데[道], 그 뜻이[意旨] 무엇입니까[如何]?"

대광선사께서[大光] 춤을 추셨다[作舞].

그 스님이[僧] 절을 하였다[禮拜].

대광선사께서[光] 질문을 하셨다[云]. "무엇을[箇什麼] 봤기에[見] 갑자기[便] 절을 하는가[禮拜]?"

그 스님이[僧] 춤을 추었다[作舞].

대광선사께서[光] 말씀하셨다[云]. "이[這] 여우같은 놈[野狐精]!"

松江

수행이란 배우고 익히는 것이 아니다. 아무것도 모를 때는 배워야 하지만, 배운 것은 남의 것이다. 남의 것을 익혀 자기 것처럼 쓸 수 있게 되었다고 하더라도 자기의 것이 아니다. 그래서 자기의 길을 개척하는 것이 수행이라는 것이다.

금우화상께서 공양 때가 되면 스스로 밥통을 들고 승당 앞에서 춤을 추고 웃으면서 "보살들이여 공양하시오."하고 말씀하셨는데, 이것을 궁금하게 여긴 어떤 스님이 장경선사를 찾아뵙고는 금우스님께서 왜 그러셨냐고 여쭈었다. 이에 장경선사께서는 "공양 때에 불보살님을 찬탄하면서 감사히 먹겠습니다하는 것과 흡사한 것이지."하고 말씀하셨다.

지금 어떤 스님이 이전 장경선사께서 그렇게 말씀하신 뜻이 무엇이냐고 대광선사께 여쭌 것이다. 그러자 대광선사께서 곧바로 춤을 추어 보였다. 선사들은 이렇다. 군더더기를 최소화하면서 지도해 주신다. 대광선사의 춤이 무엇을 뜻하는지만 알면 질문한 보람이 있을 것이다.

질문을 던진 스님이 즉시에 큰절을 올렸다. 낙처(落處)를 본 것인가? 그래서 대광선사께서 확인 절차에 들어가셨다. "무엇을 봤기에 절을 하는 것인가?" 그러자 이 스님 대광선사처럼 춤을 추었다. 그러자 대광선사께서는 호통을 치셨다. "이 여우 같은 놈!"

불교를 공부한다는 이들이 흔히 저지르기 쉬운 오류가 부처님과 조사님들이 하신 말씀을 외워서 쓰면 그 경지가 되는 것으로 착각하는 것이다. 이는 마치 기차역을 다 외워 말하면 그 역을 실제로 통과한다고 생각하는 것과 같은 것이다. 실제로 그 역을 통과한 사람은 역 이름이 아닌 수많은 것을 보고 듣고 느낀다. 만약 그 사람이 경험한 것을 책으로 써 놓았을 때, 그것까지 외우면 책을 보고 외운 사람이 실제로 기차를 타고 통과한 것이 될까?

불교 공부가 어렵다고 하는 것은 모든 것을 직접 체험해야 하기 때문이다. 간접 체험은 가짜다. 대광선사께서는 장경선사께서 말로 풀어놓은 경지를 다시 온몸으로 보여주셨다. 그런데 질문을 했던 스님은 그 흉내만을 내었을 뿐이다. 그 스님이 대광선사의 춤을 보고 깨달았다면 자기의 것을 보였을 것이다.

강에 비친 해가 아무리 빛나도 그것은 진짜 해가 아니다
2012년 11월 22일 바간의 하늘
열기구에서 촬영

前箭猶輕後箭深이라
전 전 유 경 후 전 심

誰云黃葉是黃金고
수 운 황 엽 시 황 금

曹溪波浪如相似인댄
조 계 파 랑 여 상 사

無限平人被陸沈하리라
무 한 평 인 피 육 침

전전(前箭) 스님의 질문에 대광선사께서 춤을 추신 것.

후전(後箭) 대광선사께서 "이 여우 같은 놈!"이라고 호통을 치신 것.

황엽시황금(黃葉是黃金) 『열반경』에 '어린애가 울음을 그치지 않으므로 돈과 비슷한 노란 나뭇잎을 줬더니 울음을 그쳤다'는 이야기가 나옴. 이 얘기는 부처님과 조사님들의 법문이 모두 우는 아이 달래는 나뭇잎 같다는 뜻임.

조계파랑(曹溪波浪) 조계의 물결. 육조대사를 잇는 선사들의 활동.

육침(陸沈) 『장자(莊子)』 잡편(雜篇) 제25 칙양(則陽)에 나오는 말로 물 없이 가라앉음, 사람 사이에 숨음 등의 뜻.

앞 화살[前箭] 외려[猶] 가벼웠으나[輕] 뒤 화살은[後箭] 깊구나[深].

뉘라서[誰] 누런 잎이[黃葉] 곧[是] 황금이라[黃金] 하는가[云]?

조계의[曹溪] 선불교 물결이[波浪] 이와 같이 된다면[如相似],

한량없는[無限] 사람들이[平人] 침몰 당하고 말리라[被陸沈].

松江

앞 화살 외려 가벼웠으나 뒤 화살은 깊구나.

대광선사께서 어떤 스님의 질문에 춤을 춰 보인 것은 참 적절했지만 아주 날카롭지는 않았다. 응당 누구나 할 수 있는 일을 한 것이다. 그러나 그 스님이 눈을 번쩍 뜨기는커녕 그저 흉내나 내는 정도의 잔재주를 부리고 있었던 것이다. 이를 즉시 간파하시고 호통을 친 대광선사의 화살은 참으로 매섭고 깊다.

뉘라서 누런 잎이 곧 황금이라 하는가?

부처님께서는 당신의 말씀이 강을 건너는 데 필요한 뗏목과 같다고 말씀하셨다. 이 말씀 한마디는 제자들이 당신의 말씀을 절대화함으로써 후세에 문제가 되지 않도록 막아보려는 시도였던 것이다. 그렇긴 하지만 선지식은 지도하기 위해 어쩔 수 없이 방편을 써야 하는지라 부득이 춤도 추고 고

함도 지른다. 만약 춤과 고함에 비밀이 있다고 믿는 놈이 있다면 다른 사람을 위해서라도 목을 쳐야 할 것이다.

조계의 선불교 물결이 이와 같이 된다면,
한량없는 사람들이 침몰 당하고 말리라.

불교를 교학으로 공부한 이들은 관행상 교리를 외우고 논리적으로 교학을 펼치거나 옳고 그름을 주장하기가 쉽다. 그래서 이로부터 수많은 병폐가 생긴다. 부처님께서 당신의 말씀을 두고 뗏목에 불과하다는 그 깊은 뜻을 간과한 결과이다. 그럼 실참(實叅) 수행을 기본으로 하는 선불교는 어떠한가. 조계대사 이후 수많은 선지식들이 각자의 방법으로 후학을 지도했다. 그런데 여기 모방하는 사이비 도인들이 나타나기 시작한 것이다. 그래서 기어코 누런 나뭇잎을 황금이라고 강변하는 엉터리들이 순진한 사람들을 한꺼번에 구렁텅이로 물고 가는 것이다.

여기에 속지 않으려면 오직 자기의 안목이 열려야만 한다.

비록 벽돌 틈바구니에 뿌리를 내려 자랐을지라도 온전히 제 모습으로 꽃
을 피웠다

松江

설두스님께서 선택한 아흔네 번째 이야기는『능엄경』제2권에 나오는 것이다.

『능엄경』은『대불정여래밀인수증요의제보살만행수능엄경(大佛頂如來密因修證了義諸菩薩萬行首楞嚴經)』을 줄여서 일컫는 것이며『수능엄경(首楞嚴經)』이라고 줄여 말하기도 한다. 총 10권으로 되어 있으며, 불교전문강원(현 승가대학)의 3학년에 해당되는 사교과(四敎科)에서『금강경』·

『원각경』·『대승기신론(大乘起信論)』과 함께 공부하는 과목이다.

『능엄경』은 인도 나란다 대학의 교재였다고 한다. 나란다 대학은 현 인도 비하르주 파트나 남서쪽에 그 유적이 세계문화유산으로 등재되어 있는데, 5세기에서 12세기까지 존재했던 당시 세계 최대의 대학이었다고 한다. 중국의 현장법사가 7세기에 유학했을 때 공부하던 스님이 삼천 명에 이르렀다고 기록하고 있다. 12세기 말 이슬람의 침공으로 파괴되었다.

『능엄경』의 내용을 요약해 보면 다음과 같다.

제1권에서는 칠처징심(七處徵心)에 대한 설명이다. 즉 석가모니부처님께서 아난과의 문답을 통해 마음을 어느 곳에서도 얻을 수 없음을 밝힌다.

제2권에서는 깨달음의 본성이 무엇인가를 밝히고, 깨달음으로 나아가는 과정을 설명했다.

제3권에서는 세간(世間)의 모든 법(萬法)이 모두 여래장묘진여성(如來藏妙眞如性)이라 하여 마음의 영원불멸성을 깨닫게 하려 했다.

제4권에서는 여래장(如來藏)이 무엇인가를 밝히고, 중생들이 미혹하게 된 원인과 업(業)을 짓게 되는 근원 및 수행할 때의 마음가짐 등을 설명했다.

제5권에서는 수행할 때 풀어야 할 업의 근원이 무엇인가를 밝혔다.

제6권에서는 관세음보살이 중생을 제도하기 위해서 갖가지 몸으로 화현함을 밝히고, 이 사바세계에서 깨달음의 세계로 들어가는 가장 쉬운 방법이 관음수행문(觀音修行門)임을 설명했다.

제7권에서는 해탈의 문에 들어가는 능엄주(다라니)를 설하고 그 공덕을 밝혔다.

제8권에서는 보살의 수행하는 단계로 57위(位)를 설한 뒤 경의 이름을 밝혔다.

제9권에서는 말세 중생이 수행하는 도중에 나타나는 50가지 마(魔)에 관해서 그 원인과 종류를 밝혔다.

제10권에서는 오음(五陰)의 근본을 설하여 경의 본론을 끝낸 뒤 이 경의 공덕과 유통에 관하여 부언하였다.

垂示

聲前一句는 千聖不傳이요 面前一絲는
長時無間이라 淨裸裸赤灑灑한 露地白
牛로다 眼卓朔耳卓朔한 金毛獅子는 則
且置하고 且道하라 作麼生이 是露地白
牛오

성전일구 천성부전 면전일사 장시무간(聲前一句 千聖不傳 面前一絲 長時無間) 제90칙 수시에서 이미 사용하였음.

정나라적쇄쇄(淨裸裸赤灑灑) 벌거벗은 듯 아무런 꾸밈이 없는 상태. 천연의 자리.

노지백우(露地白牛) 완전히 드러난 땅의 흰 소.

안탁삭이탁삭(眼卓朔耳卓朔) 눈은 치켜떴고 귀는 쫑긋하다. 눈은 날카롭고 귀는 쫑긋하다.

수시

소리 이전의[聲前] 한 마디는[一句] 일천 성인도[千聖] 전하지 못하고[不傳], 눈앞의[面前] 한 실오라기는[一絲] 영원히[長時] 끊어지지 않는다[無間].

훌훌 벗고[淨躶躶] 텅 비어 깨끗하여[赤灑灑] 텅 빈 땅의[露地] 흰 소로다[白牛].

눈은 날카롭고[眼卓朔] 귀는 쫑긋한[耳卓朔] 금빛 털 사자는[金毛獅子] 잠시 제쳐 두고[則且置], 말해보라[且道] 어떤 것이[作麼生] 곧[是] 텅 빈 땅의 흰 소인가[露地白牛]?

 **松江**

　말과 문자로 표현하는 것은 참 쉽고, 그것을 이해하기도 쉽다. 그러나 모든 것을 쉽게 할 수 있는 것은 아니다. 말로써 진리를 전한다거나 혹은 깨달음을 전달한다는 것은 그 누구도 할 수 없다. 말없이 마주 보고 가만히 웃을 수 있다면 그보다 좋은 일이 없겠지만, 부득이 말로 표현해 통하려고 하니 자꾸 어긋나고 시끄러워진다.

　누구라도 언어가 미치지 못하는 곳에 스스로 이를 수 있다면 천진한 본래면목을 만날 수 있을 것이다.

　부처와 조사의 삶이 어떠니 하고 떠들기 전에 먼저 일체 분별을 떠났을 때의 청정한 자기 성품이 무엇인지부터 깨달아야 하지 않겠는가!

천주교와 불교라는 다른 종교와 30년 세월의 차이에도 걸리지 않는 신
부님과 비구니스님의 아름다운 담소
2017년 러시아 문화탐방 여행 중 러시아 국제공항에서 송강 촬영

擧 楞嚴經云 吾不見時에 何不見吾不
거 능엄경운 오불견시 하불견오불

見之處오 若見不見인댄 自然非彼不見
견지처 약견불견 자연비피불견

之相이요 若不見吾不見之地인댄 自然
지상 약불견오불견지지 자연

非物이니 云何非汝리오
비물 운하비여

본칙

이런 얘기가 있다[擧]. 『능엄경』에 이르기를[楞嚴經云] 내가[吾=釋尊] 보지 않을 때에[不見時] 어찌[何] 내가 보지 않는 곳을[吾不見之處] (네가=아난) 보지 못하는가[不見]? 만약[若] (내가) 보지 않는 곳을[不見] (네가) 본다면[見] 자연히[自然] 저[彼=내가] 보지 않는 모습이[不見之相] 아닐 것이다[非]. 만약[若] 내가[吾] 보지 않는 곳을[不見之地] (네가) 볼 수 없다면[不見] (본다는 것이) 자연히[自然] 물질이 아닐 것이니[非物], 어찌[云何] 네가 아니겠느냐[非汝].

松江

　스님들이 공부할 때 가장 어려워하는 교재가 『능엄경』이다. 너무나 인도적인 논리의 특징을 갖춘 것이기에 거기에 익숙하지 않은 한국의 스님들이 곤혹스러워하는 것이다. 하지만 모든 논리에는 가리키는 곳이 있다. 그것을 확연히 안다면 『능엄경』 또한 어렵기만 한 것은 아니다. 다만 마음공부가 깊지 않은 사람이 『능엄경』의 논리만을 익히게 된다면 오히려 마음공부에 장애가 될 수도 있으니 조심해야 한다.

　본칙에 인용된 대화 이전에 다음과 같은 얘기가 먼저 있었다.

　부처님께서 말씀하셨다. "나는 향대(香臺-향로 받침)를 보고 있다."

　아난이 말씀드렸다. "저도 또한 향대를 보고 있으니 부처님께서 보시는 것과 똑같습니다."

　부처님께서 말씀하셨다. "내가 향대를 볼 때는 (네가) 알 수 있거니와 내가 만일 향대를 보지 않을 때는 네가 어떻게 (나의 보지 않는 곳을) 볼 수 있겠느냐?"

아난이 말씀드렸다. "제가 향대를 보지 않을 때는 부처님을 뵙습니다."

부처님께서 말씀하셨다. "내가 보지 않는다고 말한다면 (그것을) 나 자신이 알 것이고, 네가 보지 않는다고 말한다면 (그것을) 네 자신 스스로 알 것이다. (그러므로) 타인의 '보지 않는 곳(不見處)'을 네가 어떻게 알 수 있다는 말이냐."

'보는 것'과 '보지 않는 것'의 차이는 무엇인가. 보는 것은 인식의 차원이다. 인식은 물질이 아니다. 만약 인식이 물질이라면 누구나 똑같이 인식할 수 있을 것이다. 하지만 동일한 물건을 보면서도 인식하는 것은 각자가 다르다. 이 인식에 지적관념이 작용하기 때문이다. 지적관념이란 후천적이며 밖으로부터 들어온 것으로 본래의 자기가 아니다.

일반적으로 인식을 마음으로 생각하는데, 불교의 유식론에서도 제8 아뢰야식(阿賴耶識)을 심(心)이라고 표현한다. 하지만 불성이나 본성과는 다르다. 오히려 이 아뢰야식이 모든 번뇌의 근본이 된다. 수행을 통해 견성(見性-본성을 깨달음. 본성으로 돌아감)을 하면 아뢰야식은 대원경지로 바뀐다. 이때를 '나'라고 한다.

눈으로 볼 수 없는 것을 어떻게 알 수 있을까? 부처님께서 아난을 깨닫게 하려고 질문하신 핵심이 이것이다.

최초로 석가모니부처님의 제자가 된 다섯 사람이 녹야원으로 찾아오신
부처님을 맞이한 자리에 세워졌다는 불영탑(佛迎塔)
이곳에서 어떻게 부처님을 볼 수 있을까?

全象全牛瞖不殊어늘
전 상 전 우 예 불 수

從來作者共名模로다
종 래 작 자 공 명 모

如今要見黃頭老아
여 금 요 견 황 두 로

刹刹塵塵在半途니라
찰 찰 진 진 재 반 도

전상(全象) 『대반열반경(大般涅槃經)』 32권에 나오는 다음과 같은 내용에서 비롯된 것.

옛날 인도의 어떤 왕이 대신들과 애기를 하다가 대신들이 각기 고집을 피우자 코끼리를 끌고 와서 장님들에게 만지게 한 후 말해보라고 하였다.

코끼리의 이빨(상아)을 만진 장님은 무같이 생겼다고 했고, 귀를 만진 장님은 삼태기처럼 생겼다고 했으며, 머리를 만진 맹인은 바위처럼 생겼다고 했고, 코를 만진 맹인은 절굿공이처럼 생겼다고 했으며, 다리를 만진 맹인은 절구처럼 생겼다고 했고, 등을 만진 맹인은 침상처럼 생겼다고 했으며, 배를 만진 맹인은 장독처럼 생겼다고 했고, 꼬리를 만진 맹인은 밧줄처럼 생겼다고 했다.

이들이 말한 것이 온전한 코끼리가 아닌 것이듯, 편견의 위험성을 밝힌 내용이다.

전우(全牛) 『장자(莊子)』 양생주편(養生主篇)에 나오는 포정해우(庖丁解牛)에서 비롯된 것.

포정이 문혜군(文惠君)을 위해 소를 잡은 일이 있었다. 그가 소에 손을 대고 어깨를 기울이고, 발로 짓누르고, 무릎을 구부려 칼을 움직이는 동작이 모두 음률에 맞았다. 문혜군은 그 모습을 보고 감탄하여 "어찌하면 기술이 이런 경지에 이를 수가 있느냐?"라고 물었다. 포정은 칼을 놓고 다음과 같이 말했다.

"제가 좋아하는 것은 도(道)입니다. 손끝의 재주보다 우월합니다. 제가 처음 소를 잡을 때는 소만 보여 손을 댈 수 없었으나, 3년이 지나

자 어느새 소의 모습은 눈에 띄지 않게 되었습니다. 요즘 저는 정신
으로 소를 대하지 눈으로 보지는 않습니다. 눈의 작용이 멎으니 정신
의 자연스런 작용만 남습니다. 그러면 천리(天理)를 따라 쇠가죽과
고기, 살과 뼈 사이의 커다란 틈새와 빈 곳에 칼을 놀리고 움직여 소
의 몸이 생긴 그대로 따라갑니다. 그 기술의 미묘함은 아직 한 번도
칼질을 실수하여 살이나 뼈를 다친 적이 없습니다. 솜씨 좋은 백정이
1년 만에 칼을 바꾸는 것은 살을 가르기 때문입니다. 평범한 보통 백
정은 달마다 칼을 바꾸는데, 이는 무리하게 뼈를 가르기 때문입니다.
그렇지만 제 칼은 19년이나 되어 수천 마리의 소를 잡았지만 칼날은
방금 숫돌에 간 것과 같습니다. 저 뼈마디에는 틈새가 있고 칼날에는
두께가 없습니다. 두께 없는 것을 틈새에 넣으니, 널찍하여 칼날을
움직이는 데도 여유가 있습니다. 그러니까 19년이 되었어도 칼날이
방금 숫돌에 간 것과 같습니다. 하지만 근육과 뼈가 엉긴 곳에 이를
때마다 저는 그 일의 어려움을 알고 두려워하여 경계하며 천천히 손
을 움직여서 칼의 움직임을 아주 미묘하게 합니다. 살이 뼈에서 털썩
하고 떨어지는 소리가 마치 흙덩이가 땅에 떨어지는 것 같습니다. 칼
을 든 채 일어나서 둘레를 살펴보며 머뭇거리다가 흐뭇해져 칼을 씻
어 챙겨 넣습니다.”

　이처럼 인식의 경지를 초월하는 경지를 두고 전우(全牛)라고 한다.

예불수(瞖不殊) 눈병 난 것이나 다름이 없다.

명모(名模) 손으로 더듬어 이름 붙임.

황두로(黃頭老) 금빛 머리 노인. 석존(釋尊). 부처님.

온전한 코끼리와 소를 일러도[全象全牛] 눈병이나 다름없나니[瞖不殊]

예로부터 선지식들[從來作者] 다[共] 더듬어보고 이름 붙였도다[名模].

지금 여기서[如今] 금빛 머리 노인네를[黃頭老] 보고자 하는가[要見]?

국토마다 티끌마다 있건만[刹刹塵塵] 중도에서 서성이고 있구나[在半途].

松江

온전한 코끼리와 소를 일러도 눈병이나 다름없나니
예로부터 선지식들 다 더듬어보고 이름 붙였도다.

모든 것을 온전하게 파악하고 그 낱낱의 이치마저 꿰뚫었다고 하더라도 무어 그게 대단한 일인가. 만일 그 모든 것을 다 놓아버리기 전에는 눈앞에 어른거리는 것을 어쩌겠는가. 텅 빈 하늘엔 아무것도 없건만, 눈병 난 놈은 대낮 하늘에 별이 떴다고 난리네.

지금 여기서 금빛 머리 노인네를 보고자 하는가?
국토마다 티끌마다 있건만 중도에서 서성이고 있구나.

부처를 찾는다고 두리번거리지 말라. 그 순간 이미 어긋난 것이다. 이미 찾은 이라면 그 어디에선들 보지 못하겠는가마는 그 자리를 떠나는 순간 이미 나그네 신세가 되고 만다네. 글을 따르지도 말고 말을 듣지도 말라. 그래야 눈멀고 귀먹는 것을 겨우 피할 수 있다네.

부처님께서는 말썽을 피우는 아들 라훌라에게 물을 떠오게 한 후 당신의
발을 씻도록 시켰다. 그런 후 그 물을 마시라 하셨다. 이 가르침을 통해
라훌라는 부처님을 만날 수 있었던가
2013년 11월 11일 대만 불광사에서 벽화를 촬영한 것

松江

다른 곳에서는 '장경선사의 두 가지 말(長慶二種語)'이라
고도 되어 있음.

설두스님께서 선택한 아흔다섯 번째 얘기는 장경선사와
보복선사의 대화이다.

장경 혜릉(長慶慧稜, 854~932)선사는 당말(唐末) 오대
(五代)의 선승으로 설봉(雪峰)선사의 법제자이다. 절강성

항주 염관(鹽官) 출신으로 13세 때 강소성 소주 통현사(通玄寺)에서 출가했다. 영운 지근(靈雲志勤)·설봉 의존(雪峰義存)·현사 사비(玄沙師備)선사를 참학하였으며, 설봉선사의 법을 이었다. 천우(天佑) 3년(906) 복건성 천주 자사(泉州刺史)인 왕정빈(王廷彬)의 청에 따라 초경원(招慶院)에 머무셨고, 그 후에 복건성 복주 장경원(長慶院)에 주석하셨다. 초각(超覺)대사라는 호를 받으셨다.

보복 종전(保福從展, ~928)선사는 당말(唐末) 오대(五代)의 선승으로 설봉(雪峰)선사의 법제자이다. 복주(福州) 출신으로 18세에 대중사(大中寺)에서 구족계를 받았다. 설봉 의존(雪峰義尊)·장경 혜릉(長慶慧稜)·아호 지부(鵝湖智孚)선사를 참학한 후 설봉선사의 법을 이었다. 뒷날 장주(漳州)의 보복원(保福院)에서 후학을 지도하니 힝상 7백 대중 이상이 운집했다고 한다.

有佛處에 不得住하라 住著하면 頭角生
유 불 처　부 득 주　주 착　두 각 생

이요 無佛處에 急走過하라 不走過하면 草
무 불 처　급 주 과　부 주 과　초

深一丈이라 直饒淨裸裸赤灑灑하야 事
심 일 장　직 요 정 나 라 적 쇄 쇄　사

外無機하고 機外無事라도 未免守株待
외 무 기　기 외 무 사　미 면 수 주 대

兎니라 且道하라 總不恁麼인댄 作麼生行
토　차 도　총 불 임 마　자 마 생 행

履오 試擧看하라
리　시 거 간

두각생(頭角生) 머리에 뿔이 생긴다. 축생과 다름없는 중생이 된다.

초심일장(草深一丈) 풀이 한 길이나 우거진다. 번뇌 망상이 깊어진다.

정나라적쇄쇄(淨裸螺赤灑灑) 모든 것을 다 벗어버리고, 벌거벗고 씻음. 모든 것을 떨쳐 버리고 초월함.

직요(直饒) 가령, 설령. ~하더라도.

수주대토(守株待兔) 그루터기를 지키며 토끼가 오기를 기다린다는 뜻. 『한비자(韓非子)』'오두편(五蠹篇)'에 나오는 말로 다음과 같은 설명이 있다.

송(宋)나라 시절 한 농부가 있었다. 하루는 밭을 가는데 토끼 한 마리가 달려오더니 밭 가운데 있는 그루터기에 머리를 들이받고 목이 부러져 죽었다. 그것을 본 농부는 토끼가 또 그렇게 달려와서 죽을 줄 알고 밭 갈던 쟁기를 집어던지고 그루터기만 지켜보고 있었다. 그러나 토끼는 다시 나타나지 않았고 그는 사람들의 웃음거리가 되었다.

총불임마(總不恁麼) 모두 이렇지 않다면. 앞에서 말한 두 가지 모두 안 된다면.

수시

부처가 있는 곳에[有佛處] 머물지 말라[不得住]. 머무르면[住著] 머리에 뿔이 생긴다[頭角生]. 부처가 없는 곳에서는[無佛處] 재빨리 지나쳐라[急走過]. 재빨리 지나치지 않으면[不走過] 풀이 한 길이나 우거진다[草深一丈].

말갛게 씻은 듯하여[淨裸裸赤灑灑] 대상[事] 밖에[外] 심기가[機] 없고[無機] 심기 밖에[機外] 대상이 없다고[無事] 하더라도[直饒], 그루터기 지키며 토끼 기다리는 것을[守株待兔] 면할 수 없다[未免].

자, 말해보라[且道]. (앞에 말한 것) 모두 안 된다면[總不恁麼] 어떻게 행해야 할까[作麼生行履]? 다음의 얘기를 살펴보자[試擧看].

　불교 공부를 하는 이들 가운데는 죽어라고 경전만 연구하는 이들이 있다. 이들은 논리로 규명하려 하고 체계적인 이론 정립을 하려 애쓴다. 경전은 온통 부처님의 말씀이기 때문이다. 하지만 아무리 완벽한 설계도라고 해도 그 안에 살림을 차릴 수는 없다. 그러니 실체가 없는 이론에만 집착하여 논쟁을 일삼는다면, 그 모습이 어리석은 축생의 모습과 다를 것이 없다.

　어떤 수행자는 모든 것이 부질없다는 생각으로 대자연 속에서 마음 내키는 대로 살려고 하거나 아니면 종일 앉아 아무 생각 없기를 바라며 애를 쓰기도 한다. 하지만 그럴수록 망상만 더욱 커진다.

　어느 정도 공부가 된 이들 가운데는 대상이 곧 자신이고 자신이 곧 세상이라며 물아일여(物我一如)를 주장하면서 매우 호방한 듯 초연한 듯하지만, 이 또한 귀신 소굴에 살림을 차린 격이다.

　위에서 지적한 이런 위험에 떨어지지 않으려면 어떻게 해야만 할까? 다음 선사들의 멋진 문답을 잘 살펴보자.

스승님을 모시고 살 때 스승님은 한 번도 경을 보라거나 좌선을 하라는 말씀을 하시지 않았다. 그저 함께 나무하고 밭 일궈 농사지으며 밤낮을 함께 해 주셨다. 그 큰 은혜를 결코 잊을 수 없다

擧 長慶有時云 寧說阿羅漢有三毒이
거　장경유시운　영설아라한유삼독

언정 不說如來有二種語니라 不道如來
불설여래유이종어　　　부도여래

無語라 只是無二種語니라 保福云 作
무어　지시무이종어　　　보복운　자

麼生是如來語오 慶云 聾人爭得聞이리
마생시여래어　경운　농인쟁득문

오 保福云 情知儞向第二頭道라 慶云
보복운 정지이향제이두도　　경운

作麼生是如來語오 保福云 喫茶去하라
자마생시여래어　　보복운 끽다거

아라한(阿羅漢) 범어 Arhan을 소리대로 옮긴 것. '일체의 번뇌를 끊어버린 수행자'라는 뜻에서 '살적(殺賊)' 또는 '대접을 받을 수 있는 분'이라는 뜻에서 '응공(應供)' 등으로 뜻 번역을 했다. 처음엔 부처님을 뜻하는 말로 사용되기도 하였기에 여래십호에도 들어 있는 존칭이다. 뒤에는 부처님의 제자 가운데 깨달은 분들을 가리키는 말로 사용되었다.

삼독(三毒) 번뇌 가운데 가장 강한 세 가지인 탐욕(貪欲)·진에(瞋恚)·우치(愚癡)로 깨닫고자 하는 사람에게는 맹독과 같다고 해서 붙여진 이름.

이종어(二種語) 두 가지 말. 진실어(眞實語)와 방편어(方便語). 진실어는 있는 그대로를 말하는 것이고 방편어는 상대를 인도하기 위해 둘러서 말하는 것.

정지(情知) 분명하게 앎. 정말 앎. 사실을 앎.

제이두(第二頭) 제이의(第二義).

본칙

이런 얘기가 있다[擧]. 장경스님이[長慶] 어느 때[有時] 말했다[云]. "차라리[寧] 아라한에게[阿羅漢] 삼독이 있다고 할지언정[說~有三毒], 여래에게[如來] 두 가지 말이[二種語] 있다고[有] 말해서는 안 됩니다[不說]. 여래께서[如來] 말씀이 없었다고[無語] 말하는 것이 아니라[不道], 다만[只] 두 가지 말씀이 없었다는 것입니다[是無二種語]."

보복스님이[保福] 물었다[云]. "어떤 것이[作麼生] 여래의 말씀입니까[是如來語]?"

장경스님이 답했다[慶云]. "귀먹은 사람이[聾人] 어찌[爭] 들을 수 있겠소[得聞]?"

보복스님이[保福] 말했다[云]. "스님이[儞] 제이의에서[向第二頭] 말한 것을[道] 확실히 알았습니다[情知]."

장경스님이 물었다[慶云]. "어떤 것이[作麼生] 여래의 말씀이오[是如來語]?"

보복스님이 답했다[保福云]. "차나 드시지요[喫茶去]."

 **松江**

여러 기록을 보면 장경스님과 보복스님 이 두 사형사제는 언제나 상대의 빈틈을 용납하지 않았다. 장경스님이 한때 사제인 보복스님을 지도하기도 했지만, 나중에는 사형사제가 되어 아주 멋진 도반이 되었다고 볼 수 있다.

흔히 부처님은 진실과 방편의 두 가지를 말씀하셨다고 하는데, 장경스님은 여래께서 두 가지 말씀을 하신 것이 아니라고 강조했다. 장경선사는 이론에 떨어져 헤매는 사람들을 안타깝게 여기신 것이다. 하지만 노파심이 지극하면 틈을 보이기 마련이다.

듣고 있던 보복선사가 그 틈을 간파하고 질문을 했다. "여래의 말씀이란 것이 무엇입니까?"

이 날카로운 질문을 장경선사는 가볍게 받았다. 당신의 진심을 사제가 읽지 못했다고 생각한 것이다. 그래서 "말귀도 못 알아듣는 사람이로구만!"하고 내질러버렸다.

그러자 보복스님이 쏘아붙였다. "내 그럴 줄 알았지. 사형은 핵심에서 벗어난 얘기를 하고 있단 말입니다."

장경스님이 아차 싶었던 모양이었다. 반격할 요량으로 물었다. "어떤 것이 여래의 말씀이오?"

하지만 보복스님은 장경스님에게 반격의 기회를 주지 않았다. "차나 드시지요."

위의 대화는 누가 잘하고 누가 잘못한 것을 따지는 것이 아니다. 그렇게만 보면 두 스님을 모두 웃음거리로 만들고 만다.

위의 대화를 들으며 통쾌하게 웃을 수 있어야 한다.

이리저리 분별할 것 없다. 차나 제대로 마시면 된다
집무실에서 신부님들과 끽다삼매(喫茶三昧)에 든 모습

頭兮第一第二_여
두 혜 제 일 제 이

臥龍不鑒止水_라
와 룡 불 감 지 수

無處有月波澄_{하고}
무 처 유 월 파 징

有處無風浪起_{로다}
유 처 무 풍 랑 기

稜禪客稜禪客_{이여}
룽 선 객 룽 선 객

三月禹門遭點額_{이로다}
삼 월 우 문 조 점 액

두혜제일제이(頭兮第一第二) 제일두혜제이두(第一頭兮第二頭). 제일의(第一義)와 제이의(第二義).

와룡(臥龍) 살아 있는 용(活龍).

능선객(稜禪客) 장경 혜릉선사(長慶慧稜禪師).

삼월우문조점액(三月禹門遭點額) 중국 하남성에 있는 용문산(龍門山)의 폭포를 우왕(禹王)이 삼단으로 나누어 막아 홍수를 방지했다. 그런데 꽃 피는 삼월이 되면 잉어가 그 삼단의 폭포를 올라 용이 되고, 오르지 못하는 잉어는 바위에 머리를 박아 이마에 상처(점)가 생긴다는 전설이 있다. 여기서는 장경스님이 보복스님에게 한 방망이 맞은 것을 빗대어 말한 것이다.

도리의[頭兮] 첫 번째와[第一] 두 번째여[第
二)],

살아 있는 용은[臥龍] 멈춘 물을[止水] 보지 않
네[不鑒].

용 없는 곳엔[無處] 파도 맑아[波澄] 달 나타나
고[有月],

용 있는 곳엔[有處] 바람 없이[無風] 파도가 이
네[浪起].

혜릉 선객이여[稜禪客] 혜릉 선객이여[稜禪客]

삼월의 우문에서[三月禹門] 이마에 점만 찍었
네[遭點額].

松江

도리의 첫 번째와 두 번째여,

본성 그 자체 즉 진여의 경지인가 아니면 거기에 대한 설명인가를 두고 수많은 논서(論書)와 선어록(禪語錄)에서 언급하고 있다. 그렇다면 진여(眞如) 또는 본성(本性)에 대한 말씀이라고 과연 그것이 진여나 본성 그 자체일까? 착각하지 말 것.

살아 있는 용은 멈춘 물을 보지 않네.

펄펄 살아 있는 용이 멈춘 물 즉 썩어가는 물에 관심을 가지고 거기에 머물겠는가. 그런 물에서는 결코 살아 있는 용을 볼 수 없다,

깨달은 사람은 이미 고정된 지식 따위로 사람들을 어지럽게 하지 않는다. 아무리 뛰어난 언변이나 멋진 말이라도 그 속에 깨달음이 있는 것은 아니다.

용 없는 곳엔 파도 맑아 달 나타나고,
용 있는 곳엔 바람 없이 파도가 이네.

무심의 경지에 머물지 말라. 비록 파도 없어 달은 나타나겠지만 자칫 귀신 소굴에 살림 차릴까 걱정된다. 살아 있는 작가(作家)라면 물이 멈춰 썩어가게 두겠는가.

혜릉 선객이여 혜릉 선객이여
삼월의 우문에서 이마에 점만 찍었네.

설두 노인네가 다시 노파심이 발동하였구나. 어찌 장경 혜릉선사의 그 마음을 설두스님이 모를까마는 그래도 '아'와 '어'는 분명 다른 걸 어쩌겠는가. 설두 노인네가 그것을 안타까워하는구나. 무릇 선지식이라면 잠깐 사이라도 방심을 하면 안 되는 법인데, 안타깝게도 장경스님이 방심한 그 찰나에 보복선사에게 한 방망이 세게 맞고 말았구나.

헤아리지 말고 차나 마시게나.

찰나라도 방심하면 상대의 마음을 읽지 못한다
2010년 8월 7일 타클라마칸사막 카스의 고성(古城)에서 낯선 이를 살
피는 집주인
어떻게 해야 이 여인을 웃게 할까?

　설두스님께서 선택한 아흔여섯 번째 얘기는 조주선사의 법문 내용이다. 그런데 설두스님은 구체적인 내용을 들지 않았다.

擧 趙州示衆三轉語하다
거 조 주 시 중 삼 전 어

전어(轉語) 상황을 단번에 변화시킬 수 있는 전기를 만드는 말.

일전어(一轉語) 스승이 제자의 어리석음을 깨뜨려 깨달음으로 나아
가게 하는 말.

삼전어(三轉語) 세 번의 일전어.

이런 얘기가 있다[擧]. 조주선사께서[趙州] 깨달음에 이르게 하는 세 마디 말씀을[三轉語] 대중들에게[衆] 보이셨다[示].

　제96칙에는 수시도 없지만 본칙에도 구체적인 내용이 없이 '깨달음에 이르는 세 마디 말씀(三轉語)'을 하셨다고 했다. 그 까닭은 '조주선사의 삼전어(趙州三轉語)'를 스님들이 대부분 알기 때문이다. 『선문염송(禪門拈頌)』 제12권 '434 금불(金佛)'을 보면 그 내용이 다음과 같다.

　조주시중운(趙州示衆云) 금불부도로(金佛不度爐)하고 목불부도화(木佛不度火)하며 니불부도수(泥佛不度水)하고 진불내리좌(眞佛內裏坐)니라하다

　조주선사께서 대중들에게 법문을 하셨다. "금부처는 용광로를 건너지 못하고, 나무부처는 불을 건너지 못하며, 흙부처는 물을 긴너지 못하고, 참 부치는 안에 앉았느니라."

　그 유명한 '삼전어(三轉語)'라는 것에 어째 조주선사의 향기가 부족하다. 그때의 대중은 형상 따위에나 집착하던 집단이었나? 제대로 수행하는 출가자라면 불상을 진불(眞佛)로 보지 않는다. 하지만 정말 조주선사께서 그것을 몰라 삼전어(三轉語)를 말씀하셨을까? 공부하는 자는 마땅히 조주선사께서 가리키는 최후의 자리를 깨달아야 할 것이다.

조주 백림선사의 기장 뛰어난 깨달음의 자리인 최승각장(最勝覺場)에서
진불(眞佛)을 만난 사람 있는가

頌

泥佛不渡水_여 神光照天地_라
니 불 부 도 수　　　신 광 조 천 지

立雪如未休_{인댄} 何人不雕僞_{리오}
입 설 여 미 휴　　　하 인 부 조 위

金佛不渡鑪_여 人來訪紫胡_{하니}
금 불 부 도 로　　　인 래 방 자 호

牌中數箇字_{로다} 淸風何處無_{리오}
패 중 수 개 자　　　청 풍 하 처 무

木佛不渡火_여 常思破竈墮_라
목 불 부 도 화　　　상 사 파 조 타

杖子忽擊著_{하니} 方知辜負我_{로다}
장 자 홀 격 착　　　방 지 고 부 아

신광(神光) (1) 본성의 빛. (2) 신광스님 즉 혜가대사.

입설(立雪) 신광스님이 달마대사를 친견하기 위해 달마동 앞에서 눈에 하반신이 묻히도록 서 있었던 일.

자호(紫胡) 자호 이종(紫胡利蹤, 800~880)선사. 일명 자호(子胡). 당대(唐代)의 선사. 남전 보원(南泉普願)선사의 법제자(法嗣)다. 전주(澶州, 河北) 출신으로, 속성(俗姓)은 주(周)씨로 20살 때 구족계(具足戒)를 받고, 개성(開成) 2년(837) 구주(衢州, 浙江 衢縣)에 와서 자호산(子湖山)에 정업원(定業院)을 개원했다. 함통(咸通) 2년(861) 칙명으로 안국선원(安國禪院)이란 편액을 하사받았다. 광명(廣明) 원년 세수(世壽) 81세로 입적했다. 법랍(法臘) 61세다. 저서에『자호이종선사어록(子湖利蹤禪師語錄)』1권이 있는데, 시중(示衆)과 문답(問答), 송(頌) 등이 포함되어 있다. 이 책은『고존숙어록(古尊宿語錄)』권12에 실려 있다.

패중수개자(牌中數箇字) 팻말 속의 몇 개 글자. 자호스님은 산문에 팻말 하나를 세웠는데, 그 팻말에 다음의 글귀를 써 놓았다.「紫胡有一狗 上取人頭 中取人腰 下取人脚 擬議則喪身失命」'자호에게 개한 마리 있으니, 위로는 사람 머리를 취하고, 가운데로는 사람 허리를 취하며, 아래로는 사람 다리를 취한다. 망설이며 주저한다면 목숨을 잃을 것이다.' 즉 사나운 개가 있어서 사람을 가리지 않고 물어뜯으니 조심하라는 뜻.

파조타(破竈墮) 『조당집(祖堂集)3』에 다음과 같은 내용이 있다. 파조타 화상. 생몰연대 미상. 당대(唐代) 스님. 오조 홍인(弘忍,

668~761)대사의 제자라고는 하는데 법명은 알려져 있지 않고, 다음의 일화에 의한 별명만 전한다. 스님이 살던 곳 곁에 사람들이 부엌 귀신에게 제사를 지내는 사당이 있었는데, 제사를 지낸다고 매양 살아 있는 짐승을 삶아 죽이는 일이 되풀이되었다. 이것을 지켜보던 스님이 어느 날 사당에 들어가 주장자로 부뚜막을 내리치면서 말하기를, "성령(聖靈)이 어떻게 살아 있는 동물을 삶아 죽이게 하는가?" 하였다. 그때 부뚜막이 무너지면서 푸른 옷을 입은 작은 사람이 나타나 말했다. "저는 이 사당의 조왕신인데, 스님께 무생법문(無生法門)을 듣고 오랫동안 받은 업보에서 벗어나서 생천(生天)할 수 있게 됨을 감사드립니다."하고 사라졌다. 사람들이 이로부터 스님을 파조타(破竈墮)화상이라고 했다.

고부(辜負) 본의나 기대에 어긋나는 짓을 함.

흙부처가[泥佛] 물을[水] 건너지[渡] 못함이여![不]

신비로운 빛이[神光] 온 누리를[天地] 비춤이라[照].

눈에 서 있음[立雪] 만일[如] 멈추지[休] 않았다면[未]

어떤 사람이건[何人] 흉내를[僞] 내지[雕] 않았으랴[不].

금부처가[金佛] 용광로를[鑪] 지나지[渡] 못함이여![不]

사람들이[人] 찾아와[來] 자호선사[紫胡] 방문하니[訪]

문 앞 팻말[牌] 속에[中] 몇 개 글자가 있었네[數箇字].

맑은 바람이야[淸風] 어디엔들[何處] 없으리오[無].

나무부처가[木佛] 불을[火] 지나지 못함이여![不渡]

언제나[常] 파조타 화상을[破竈墮] 생각하네[思].

주장자로[杖子] 문득[忽] 내려치시니[擊著]

비로소[方] 자신을[我] 저버렸음[辜負] 알았네[知].

흙부처가 물을 건너지 못함이여!
신비로운 빛이 온 누리를 비춤이라.
눈에 서 있음 만일 멈추지 않았다면
어떤 사람이건 흉내를 내지 않았으랴.

흙을 빚어 만든 불상에 무슨 절대적 영험이 있겠는가. 그 사실을 분명히 안다면, 본래로부터 있는 신비로운 빛이 이미 온 우주에 충만함도 깨달으리라.

제2조 혜가(慧可)대사께서 신광(神光)스님일 적 달마대사를 친견코자 하반신이 눈에 묻힐 정도가 되도록 뜰에 서 있었으나 받아주질 않자, 자신의 왼팔을 잘라서 들고 "믿음(信)을 바칩니다."하여 비로소 들어갈 수 있었다. 누구나 달마대사와 제자 혜가의 대화를 되풀이하고 있으면서도 혜가대사의 깨달음에 이르지 못한다.

누구나 흉내는 내지만 진짜 중요한 것은 그대로 할 수 없다. 혜가대사처럼 자신의 목숨을 내 놓을 수 없기 때문이다.

금부처가 용광로를 지나지 못함이여!
사람들이 찾아와 자호선사 방문하니
문 앞 팻말 속에 몇 개 글자가 있었네.
맑은 바람이야 어디엔들 없으리오.

만든 불상이 무쇠나 금으로 되었다고 거기에서 대원경지(大圓鏡智)가 나오겠는가. 누군가 경율론 삼장으로 무장한 후 자호선사를 찾는다고 해도, 맹견의 날카로운 이빨에 목숨을 부지하기 어려울 것이다. 만일 맹견을 능히 때려잡을 수 있는 솜씨라면, 그는 언제 어디에서나 청풍 속에서 유유자적할 수 있을 것이다.

나무부치가 불을 지나지 못함이여!
언제나 파조타 화상을 생각하네.
주장자로 문득 내려치시니
비로소 자신을 저버렸음 알았네.

침향이나 흑단으로 아무리 멋진 불상을 깎는다고 해도, 불

속에 들어가면 재가 되어 흩어져 버릴 것이다.

신통방통한 조왕신이 파조타 화상을 만나지 못했더라면, 언제까지나 제물이나 받으며 살생의 업을 키웠을 것이다. 하기야 예나 지금이나 온통 신통을 광고하는 사이비들이 많지. 그 신통 작은 바람에도 날릴 것이니. 생사의 광풍을 어찌 넘길까. 광풍에도 날리지 않는 진짜는 어디 있는가.

어느 부처님이 가장 염험하신가
스리랑카 담불라(Dambulla)사원

　설두스님께서 선택한 아흔일곱 번째 얘기는 쿠마라지바 스님이 한역(漢譯)하고 양나라 소명태자가 32분으로 나눈 『금강경』 제16 「능정업장분(能淨業障分)」의 내용 중 일부이다. 『금강경』은 교학적으로 깨달음의 지혜에 대해 설명하고 있어 매우 중시되지만, 선적으로도 중국과 한국의 선종(禪宗)에서 가장 중시한 소의경전(所依經典)이다.

垂示

拈一放一이라도 未是作家요 擧一明三이
염일방일　　　　　미시작가　　거일명삼

라도 猶乖宗旨니라 直得天地陡變하고 四
유괴종지　　　　직득천지두변　　　사

方絶唱하며 雷奔電馳하고 雲行雨驟하며
방절창　　　뇌분전치　　　운행우취

傾湫倒嶽하고 甕瀉盆傾이라도 也未提得
경추도악　　　옹사분경　　　　야미제득

一半在라 還有解轉天關하고 能移地軸
일반재　환유해전천관　　　능이지축

底麼아 試擧看하라
저마　시거간

염일방일(拈一放一) 하나를 집어 들고 하나를 놓다. 마음대로 하다.

작가(作家) 선지식. 지도자.

종지(宗旨) 부처님 가르침의 핵심. 선가에서 가장 중시하는 것.

유괴종지(猶乖宗旨) 오히려 종지(宗旨)를 거스름. 선의 근본 취지에는 어긋남.

직득(直得) 가령 ~라도.

수시

집어 들고 놓기를 마음대로 하더라도[拈一放一] (완벽한)선지식이라 할 수 없고[未是作家], 하나를 들어 셋을 밝히더라도[擧一明三] 오히려 선의 근본 취지에는 어긋난다[猶乖宗旨].

비록 천지가 갑자기 변하듯 하고[天地陡變] 모든 사람들이 입을 다물게 하며[四方絶唱], 우레 달리듯 하고[雷奔] 번개 치듯 하며[電馳], 구름 가듯 하고[雲行] 비가 쏟듯 하며[雨驟], 못을 기울이듯 하고[傾湫] 산을 뒤집을 듯하며[倒嶽], 항아리 물을 쏟듯 하고[甕瀉] 동이를 엎어 버리듯[盆傾] (실력 발휘를) 하더라도[直得] 또한[也] 절반도[一半在] 깨달았다고[提得] 할 수 없다[未].

그렇다면[還] 하늘의 관문을[天關] 움직일 줄 알고[解轉] 지축을 옮길 수 있는[能移地軸] 그런 이가 있느냐[有~底麼]?

본칙을 살펴보도록 하자[試擧看].

 **松江**

　여러 가지 방법을 자유자재로 구사하여 후학들을 지도하는 지도자가 있다고 하더라도 모든 후학을 모두 깨닫게 할 수는 없으며, 능수능란한 솜씨로 부처님과 조사님들의 깨달음을 설명할 수 있다고 하더라도 스스로 깨달아야 하는 불교의 근본 취지를 뒤집을 수는 없다.

　세상을 깜짝 놀라게 할 정도의 강력하고 빠르며 논리적이고 화려한 능력을 보여주는 사람이라고 할지라도 그가 완벽한 깨달음을 얻었다고 하기에는 어림없다고 할 것이다.

　그렇다면 깨달음의 본체를 완벽하게 드러내는 솜씨를 지닌 이가 있기나 한 것일까?

중국 광동성 남화선사에 모셔져 있는 육조 혜능대사의 진신(眞身)

本則

擧 金剛經云 若爲人輕賤이면 是人은
거 금강경운 약위인경천 　시인

先世罪業으로 應墮惡道어든 以今世人
선세죄업 응타악도 이금세인

輕賤故로 先世罪業이 即爲消滅이니라
경천고 선세죄업 즉위소멸

경천(輕賤) 무시하고 업신여김.

죄업(罪業) 잘못을 저지른 일로 인해 받게 되는 영향력.

악도(惡道) 일반적으로는 중생이 해탈하지 못한 상태에서 떠돌게 되는, 여섯 가지 세계 중, 좋지 못한 세 가지인 아귀도(餓鬼道)와 축생도(畜生道)와 지옥도(地獄道). 갖가지 괴로움이 연속되는 상태.

이런 얘기가 있다[擧].『금강경』에서 말씀하셨다[金剛經云]. "만약[若] 사람들에게 업신여겨지고 천대받게 된다면[爲人輕賤] 이 사람은[是人] 전생의 죄업으로[先世罪業] 마땅히 악도에 떨어질 것이지만[應墮惡道], 지금 사람들에게 업신여겨지고 천대받는 까닭에[以今世人輕賤故] 전생의 죄업이[先世罪業] 곧 소멸되는 것이니라[卽爲消滅]."

松江

　본칙 앞에 '선남자 선여인이 금강경을 수지 독송하는데도'라는 말씀이 더 있다. 연결해 보면 '가장 뛰어나다는 금강경을 열심히 받아 지니고 읽고 외우는데도 다른 사람들로부터 업신여김을 당하고 천대받는 일이 일어난다면, 바로 그것으로 인해 모든 업장이 소멸되고 큰 깨달음을 이룰 수 있다'고 하신 것이다.

　『금강경』을 비롯한 경전의 수지 독송에 대해 큰 오해가 있다. 오래전 불교방송 '자비의 전화'에서 상담을 할 때 아주 많은 분들이 하루의 수행에 몇 가지의 경전을 독송한다고 밝혔다. 심지어 『금강경』을 하루 20회 정도 독송한다고도 했다. 그래시 경의 뜻이 무엇이냐고 물어보면 잘 모르고 그냥 독송한다는 것이었다. 그러면서 "경전에서도 수지 독송만 해도 업장이 소멸되고 깨달을 수 있다고 하지 않았습니까?"하고 되묻는 것이었다. 그래서 "'식사를 하면 배가 부르다'는 말씀이 경전에 있을 때, 그 말만 되풀이해서 외우고 있으면 배가 부르던가요?"하고 되묻곤 했다.

경전은 부처님 말씀이면서 수행에 대한 지침이다. 그 말씀대로 직접 실천하라는 뜻이다. 수지(受持)는 '받아 지닌다'고 번역할 수 있지만, 그 뜻은 그 가르침에 맞는 삶을 사는 것이다. 즉 자신이 부처님의 깨달음에 도달하는 것을 뜻한다. 독송(讀誦)은 소리 내어 읽고 외우는 것이니, 가르침을 타인에게 전달해주는 보살행이다. 스스로도 깨닫고 타인도 깨닫게 한다면 모두가 해탈할 것이니 무엇에 달리 걸리겠는가.

만약 뜻도 모르면서 읽고 외우기만 한다면 무슨 신통과 가피가 있겠는가. 신통과 가피는 올바른 실천에 따르는 부차적인 것일 뿐이다. 하지만 깨달은 사람은 신통과 가피를 바라지도 않는다. 이미 신통과 가피 아닌 것이 없기 때문이다.

천민 계급으로 태어났으나 부처님의 제자가 되어 계율을 철저히 지킴으
로써 10대 제자가 된 우파리 존자
그러나 그것만으로 수제자가 될 수는 없엇다
 2013.11.13 대만 불광사에서 촬영

明珠在掌하니 有功者賞하리라
명주재장　유공자상

胡漢不來하면 全無技倆이로다
호한불래　전무기량

技倆旣無인댄 波旬失途라
기량기무　파순실도

瞿曇瞿曇이여 識我也無아
구담구담　식아야무

復云 勘破了也라
부운 감파료야

밝은 구슬이[明珠] 손안에[掌] 있으니[在]

공이 있는 자에게[有功者] 상을 주리라[賞].

오랑캐와 한인이[胡漢] 오지 않는다면[不來]

솜씨를[技倆] 전혀 발휘할 수 없네[全無].

솜씨를[技倆] 이미 발휘할 수 없다면[旣無]

마왕 파순도[波旬] 어쩌지를 못하리라[失途].

고타마시여[瞿曇], 고타마시여[瞿曇]!

나를 알아보시겠습니까[識我也無]?

(설두스님이) 다시 말했다[復云].

다 파악해 버렸다[勘破了也].

松江

밝은 구슬이 손안에 있으니
공이 있는 자에게 상을 주리라.

누구나 자기 손안에 밝은 구슬을 가졌다. 하지만 그것을 자유자재로 쓸 수 있는 능력이 있는 이라야만 비로소 밝은 구슬의 주인이 되는 것이다. 불성이 누구에게나 있다고 하더라도 보지도 못하는 어리석은 상태로 거들먹거리지 말라.

오랑캐와 한인이 오지 않는다면
솜씨를 전혀 발휘할 수 없네.

밝은 거울은 남자가 나타나면 남자를 보이고, 여자가 나타나면 여자를 보인다. 하지만 남자도 여자도 나타나지 않는다면 무엇을 보여주겠는가. 그 자리를 분명히 보았다면 누구라도 입을 다물 것이다.

솜씨를 이미 발휘할 수 없다면
마왕 파순도 어쩌지를 못하리라.

적멸의 경지에 이른 사람이라면 마왕 파순이 모든 마군을
끌고 오더라도 그를 볼 수 없으니 어찌해 볼 도리가 없는 것
이다. 업장을 찾으려 해도 찾을 길이 없었던 승찬대사에게
다시 소멸할 업장이 남았다는 헛소리를 누가 하는가.

고타마시여, 고타마시여!
나를 알아보시겠습니까?

이미 적멸하여 자취를 남기지 않는 이라면 고타마인들 어
쩌겠는가. 그러한 경우에는 부처님도 입을 디물어 버린다.

(설두스님이) 다시 말했다.
다 파악해 버렸다.
설두 노인네가 다시 친절하게 일러주는구나. 그럼에도 아
직 두리번거리며 찾고 있는가? 딱하구나, 딱해!

인도 쉬라바스티의 기원정사 여래향실(如來香室)
부처님께서 설법을 하시고 제자들이 법문을 들은 장소이다. 하지만 본디
여래도 제자들도 보이지 않는 법이다. 이 적멸의 자리에 무슨 업장이 있
으며 업장의 소멸이 있겠는가

松江

설두스님께서 선택한 아흔여덟 번째 얘기는 서원 사명(西院思明)화상과 천평 종의(天平從漪)스님의 대화이다.

서원 사명화상은 생몰연대가 미상이다. 임제(臨濟)선사의 법제자인 보수 연소(寶壽延沼)화상의 법제자이다. 여주(汝州-허난성河南省 루저우시汝州市) 서원(西院)에 주석하며 가르침을 펼쳤다.

천평 종의화상은 송나라 때 스님이나 생몰연대는 미상이다. 나한 계침(羅漢桂琛, 867~928)선사의 문하인 청계 홍진(淸溪洪進)의 제자이다. 상주(相州 – 허난성河南省 상저우相州)의 천평산(天平山)에 주석했다.

垂示

一夏嘮嘮打葛藤하니 幾乎絆倒五湖僧
일 하 노 로 타 갈 등　　　기 호 반 도 오 호 승

이로다 金剛寶劍當頭截하면 始覺從來百
　　　금 강 보 검 당 두 절　　　시 각 종 래 백

不能하리라 且道하라 作麼生이 是金剛寶
불 능　　　차 도　　　자 마 생　　　시 금 강 보

劍고 貶上眉毛하고 試請露鋒鋩看하라
검　　폄 상 미 모　　　시 청 로 봉 망 간

일하(一夏) 하안거(夏安居) 한철. 음력 4월 15일~음력 7월 15일

노로(嘮嘮) 떠들썩함. 여러 가지 말을 많이 함.

갈등(葛藤) 견해. 의견.

타갈등(打葛藤) 이런 저런 말을 하거나 수작을 함.

기호(幾乎) 거의. 하마터면

오호(五湖) 중국의 큰 호수인 동정호(洞庭湖), 파양호(鄱阳湖), 태호(太湖), 소호(巢湖), 홍택호(洪泽湖)를 가리킴. 여기서는 중국 전체 즉 천하.

당두절(當頭截) 머리에 닿는 대로 자름. 닥치는 대로 잘라 버림.

백불능(百不能) 아무 소용 없음

폄상(貶上) 떨어뜨렸다가 올림. 치켜 뜸.

수시

여름 안거 동안[一夏] (모든 도량마다) 시끄럽게[嘮嘮] 이러저러한 말을[葛藤] 했을 것이니[打], 하마터면[幾乎] 천하 모든 수행자들을[五湖僧] 얽매어[絆] 잘못되게 할 뻔했다[倒]. 금강보검으로[金剛寶劍] 닥치는 대로 베어버린다면[當頭截] 비로소[始] 그런 것들이[從來] 아무 소용 없음을[百不能] 깨달을 것이다[覺].

자 말해보라[且道]. 어떤 것이[作麽生] 곧 금강보검인가[是金剛寶劍]? 눈썹을 치켜뜨고[貶上眉毛] 시험 삼아[試] 청하노니[請] 칼날을[鋒鋩] 드러내[露] 보라[看].

松江

모여서 수행하는 기간에는 각 도량마다 큰스님들의 법문이나 갖가지 시험들이 많이 있게 마련이다. 선지식들은 다만 한 사람이라도 깨달음에 이르게 하기 위해 최선을 다하는 것이겠지만, 그 목적대로 되기나 하는 것일까?

지도를 받는 이들은 또 얼마나 간절하게 목숨을 걸고 덤비는 것일까? 어설프게 남의 농사의 수확만 넘보는 것이 아닐까? 남에게도 속지 않고 자신에게도 속지 않아야 비로소 봄소식 찾아 온 산을 헤매지 않을 것이다.

하지만 또 누가 자신에게 지혜의 보검이 있음을 분명히 알겠는가? 참으로 첩첩산중이다.

겸제 정선(謙齋鄭敾) 기념관 특강

과연 몇 사람이나 자신의 지혜 검을 쓸 수 있게 되었을까

本則

擧 天平和尚이 行脚時에 參西院이라 常
거 천평화상 행각시 참서원 상

云 莫道會佛法하라 覓箇擧話人也無로
운 막도회불법 멱개거화인야무

다 一日에 西院이 遙見하고 召云 從漪여
일일 서원 요견 소운 종의

하니 平이 擧頭어늘 西院云 錯이로다 平이
평 거두 서원운 착 평

行三兩步라 西院又云 錯이라 平이 近前
행삼양보 서원우운 착 평 근전

이라 西院云 適來這兩錯은 是西院錯가
서원운 적래저양착 시서원착

是上座錯가 平云 從漪錯이니다 西院云
시상좌착 평운 종의착 서원운

錯이로다 平이 休去하다 西院云 且在這
착 평 휴거 서원운 차재저

裏過夏하며 待共上座商量這兩錯하
리과하 대공상좌상량저양착

라 平_이 當時便行_{이라} 後_에 住院謂衆云
평　　　당시변행　　　후　　　주원위중운

我當初行脚時_에 被業風吹_{하야} 到思明
아당초행각시　　　피업풍취　　　도사명

長老處_{하니} 連下兩錯_{이라} 更留我過夏_하
장로처　　　연하양착　　　경류아과하

_야 待共我商量_{이라하니} 我不道恁麽時錯
대공아상량　　　아부도임마시착

_{이라} 我發足向南方去時_에 早知道錯了
아발족향남방거시　　　조지도착료

也_라
야

행각(行脚) 돌아다니며 수행함.

참(參) 참방(參訪)함. 찾아가 뵘.

서원(西院) (1) 서원이라는 도량 또는 선원. (2) 서원에 주석하며 후학을 지도한 서원 사명(西院思明)화상.

상량(商量) 헤아려 잘 생각함.

업풍(業風) 어떤 행위가 버릇처럼 되어 자기도 모르게 그 방향으로 움직여 버리는 것.

이런 얘기가 있다[擧]. 천평스님이[天平和尙] 돌아다니며 수행할 때[行脚時] 서원화상을[西院] 찾아가 뵈었다[參]. (그가 서원에 머물 때에) 항상[常] 말했다[云]. "불법을[佛法] 안다고[會] 말하지[道] 말라[莫]. 불법에 대하여 아는 사람을[箇擧話人] 찾아도 없더라[覓~也無]."

하루는[一日] 서원화상이[西院] (그런 천평스님의 모습을) 멀리서 보고는[遙見] "종의야[從漪]" 하고 불렀다[召云].

천평스님이[平] 고개를 들었다[擧頭]

서원화상이 말했다[西院云]. "틀렸다[錯]."

천평스님이[平] 두세 걸음[三兩步] 나아가자[行] 서원화상이[西院] 다시 말했다[又云].

"틀렸다[錯]."

천평스님이[平] 가까이 다가가자[近前] 서원화상이 말했다[西院云]. "방금[適來] 이 두 번 틀렸다는 것은[這兩錯] 내가 틀린 것이냐[是西院錯] 자네가 틀린 것인가[是上座錯]?"

천평스님이 말했다[平云]. "제가 틀린 것입니다[從漪錯]."

서원화상이 말했다[西院云]. "틀렸다[錯]."

천평스님이[平] 그만두려 하자[休去] 서원화상이 말했다[西院云]. "자[且] 이곳에서 여름을 보내며[在這裏過夏] 상좌와 더불어[待共上座] 이 두 번의 틀림을[這兩錯] 의논해 보자[商量]."

천평스님이[平] 그때[當時] 바로 떠났다[便行].

뒷날[後] 천평원에[院] 머물며[住] 대중들에게

말했다[謂衆云]. "내가[我] 처음[當初] 행각할 때에[行脚時] 그때까지 하던 방식대로[被業風吹] 사명장로의[思明長老] 처소에[處] 이르렀는데[到], 연이어[連] 두 번 틀렸다는 말을[兩錯] 듣게 되었다[下]. 다시[更] 나를[我] 여름을 지내며[過夏] 나와[我] 더불어[待共] 의논해 보자고[商量] 만류했다[留]. 내가[我] 이때는[恁麼時] 틀렸음을[錯] 깨닫지 못했으나[不道] 내가[我] 남방을 향해[向南方] 출발하여[發足] 갈 때에[去時] 이미[早] 틀려버렸음을[錯了也] 깨달아[道] 알았다[知]."

松江

　불법을 안다는, 말 많은 사람치고 제대로 된 이가 있던가? 하물며 깨달음을 자랑하는 자가 정상적인 것을 본 일이 없다. 불법이나 깨달음이 말에 있지 않기 때문이다. 이런 자는 이미 본질에서 멀다.

　이름이 자신이던가? 행위가 주인공이던가? 그러니 무엇이 틀렸는지를 알 수 있겠는가. 여기 틀렸다는 것이 무엇인지를 모른 채 그저 말 따라 앵무새처럼 답을 하고 있다. 틀렸다. 천평스님이 회상하듯 말하고 있으나 참 아득하기만 하다. 어쭙잖은 자들이 하는 짓거리를 따라하면서 무슨 알고 말고를 또 말하는가.

부처님께서 어머니 마야부인을 위해 도리천에서 법문을 하시고 내려오
신 곳인 상카시아(Sankasia)에 있는 부조
두 보살이 부처님을 모시고 있다
부처님의 진짜 모습을 보았는가?

頌

禪家流가 **愛輕薄**하니
선 가 류　　애 경 박

滿肚參來用不著이라
만 두 참 래 용 불 착

堪悲堪笑天平老여
감 비 감 소 천 평 로

却謂當初悔行脚이로다
각 위 당 초 회 행 각

錯錯이라 **西院淸風頓銷鑠**이로다
착 착　　서 원 청 풍 돈 소 삭

復云 忽有箇衲僧出云着이라하면
부 운 홀 유 개 납 승 출 운 착

雪竇錯이 **何似天平錯**고
설 두 착　　하 사 천 평 착

선가류(禪家流) 선 수행한다며 떠드는 이들.

만두(滿肚) 배 가득. 마음 가득.

참래(參來) 선을 살피다.

선 수행자라는 이들이[禪家流] 경박한 언행[輕薄] 좋아하니[愛]

마음 가득[滿肚] 선을 살피나[參來] 쓸모가 분명치 않네[用不著].

불쌍하고도[堪悲] 가소롭구나[堪笑] 천평 노인이여[天平老]

당초에[當初] 행각함을 후회한다고[悔行脚] 도리어 말하네[却謂].

틀렸어[錯], 틀렸어[錯].

서원화상의[西院] 맑은 바람[淸風] 단박[頓] 녹여버렸네[銷鑠].

(설두스님이) 다시 말했다[復云].

문득[忽] 어떤[有] 한 선객이[箇衲僧] 나와서

[出] 틀렸다고[着] 말한다면[云],
설두의 틀림이[雪竇錯] 천평의 틀림과[天平錯]
어찌 보이는가[何似]?

松江

선 수행자라는 이들이 경박한 언행 좋아하니
마음 가득 선을 살피나 쓸모가 분명치 않네.

선어록이라도 읽은 이들은 모두 선에 대해 말하길 좋아한다. 그래서 들은 얘기나 책에서 본 내용을 마치 자기의 체험처럼 말한다. 또 어떤 이는 얕은 체험을 한 후에 마치 큰 깨달음에 이른 사람처럼 자랑하고 다닌다. 하지만 어쩌랴. 어떤 경계에 부딪치면 아무 쓸모도 없는 것인데. 하물며 대가를 만나서도 자신의 허물이 무엇인지를 모르니 경박하달 수밖에.

불쌍하고도 가소롭구나 천평 노인이여
당초에 행각함을 후회한다고 도리어 말하네.

종의스님도 그렇게 떠들고 다니며 만나는 이마다 얕잡아보길 좋아했다. 서원화상이 그 꼴을 보다가 그를 불렀다. 그리곤 두 번 세 번 그를 위해 애썼으나, 결국 서원화상을 떠났다. 뒷날 천평산에 주석하고 있을 때 대중들에게 철 지난 애기를 또 주절거리고 있으니, 안타깝다 천평 노인이여!

틀렸어, 틀렸어.

서원화상의 맑은 바람 단박 녹여버렸네.

그 잘난 체하던 종의스님의 아만을 단박 꺾어버렸으니, 화상의 "틀렸다!"는 말 한마디에 모든 것을 날려 버릴 수 있어야 비로소 조금 보는 눈이 있다고 하겠다.

(설두스님이) 다시 말했다.

문득 어떤 한 선객이 나와서 틀렸다고 말한다면,

설두의 틀림이 천평의 틀림과 어찌 보이는가?

설두 노인네는 오지랖이 너무 넓다. 미지막까지 지비를 베풀어 한 사람이라도 눈을 열어주려고 애쓰지만, 그럴 사람이라면 앞에서 벌써 일을 마쳤을 것이다. 오히려 구렁텅이에 빠지는 놈만 많아질 뿐이다.

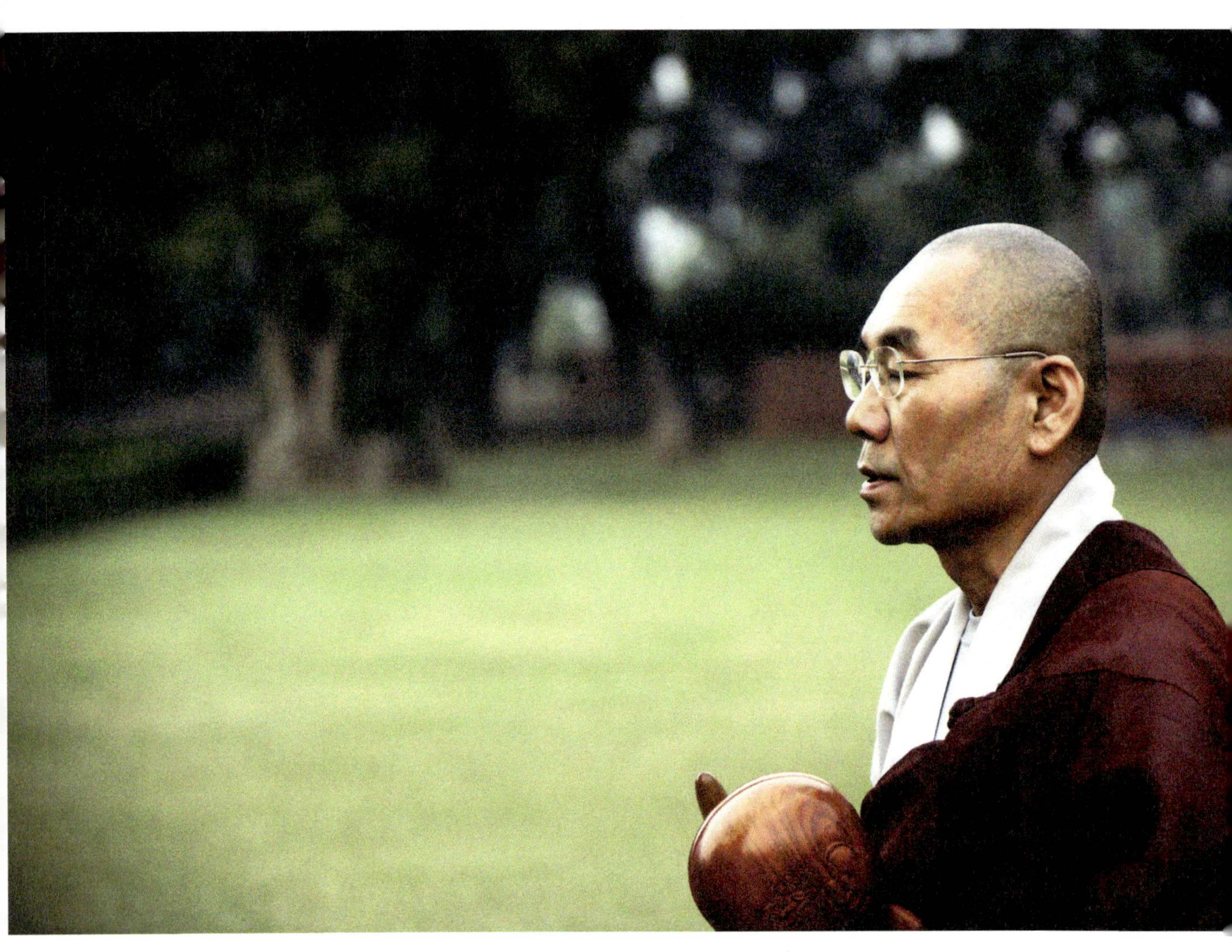

이미 만난 붓다를 찬탄할 뿐, 외쳐 구함이 아니다
2009년 인도 녹야원에서

제99칙

혜충십신조어
(慧忠十身調御)

혜충국사의 부처님 몸

설두스님께서 선택한 아흔아홉 번째 얘기는 혜충국사와 숙종황제의 대화이다.

혜충(慧忠)국사(?~775)는 육조대사의 법제자로 남양(南陽)의 백애산(白崖山)에 40년간 두문불출하셨기에 흔히 남양 혜충국사로 존칭된다. 명성이 드높아 당(唐) 제7대 숙종(肅宗), 제8대 대종(代宗) 2대 황제의 국사로 존경받았다. 입적하실 때의 연세가 130세 정도였다고 하나 확실하지는 않다.

垂示

龍吟霧起하고 虎嘯風生이라 出世宗猷는
용음무기　　　　호소풍생　　　　출세종유

金玉相振이요 通方作略은 箭鋒相拄라
금옥상진　　　　통방작략　　　　전봉상주

遍界不藏하며 遠近齊彰하고 古今明辨이
편계부장　　　　원근제창　　　　고금명변

라 且道하라 是什麼人境界오 試擧看하라
　 차도　　　시십마인경계　　　시거간

출세종유(出世宗猷) 해탈의 핵심적인 가르침.

금옥(金玉) 금과 옥이라는 악기. 금은 쇠로 만든 종(鐘), 편종(編鐘), 특종(特鐘), 운라(雲鑼), 바라, 징, 꽹과리 등. 옥으로 만든 타악기로는 경(磬 −경쇠) 등이 있다.

통방(通方) 모든 방위에 통달함. 어디에도 걸리지 않는 자유자재.

전봉상주(箭鋒相拄) 두 곳에서 쏜 화살이 서로 부딪힘. 막상막하. 딱 들어맞음.

수시

용이[龍] 그렁대면[吟] 안개가[霧] 일고[起], 호랑이가[虎] 으르렁거리면[嘯] 바람이[風] 인다[生]. 해탈의 핵심적 가르침은[出世宗猷] 여러 악기들처럼[金玉] 서로 어울리고[相振], 어디에도 걸리지 않는 자유자재한[通方] 선사들의 대응은[作略] 두 화살촉이 맞부딪히듯 정확하다[箭鋒相拄].

온 세계에 가득해서[遍界] 감춰지지 않으며[不藏] 멀리나 가까이나[遠近] 가지런히 드러나고[齊彰], 예나 지금이나[古今] 아주 분명하다[明辨].

자 말해보라[且道]. 이것이[是] 어떤 사람의[什麼人] 경지인가[境界]. 아래 일화를 살펴보자[試擧看].

 **松江**

　깨달음에 이른 선지식들의 한마디 말이나 행동이 사람들을 잘 이끌어주고 세상을 변화시킨다. 선지식들은 사람의 자질에 가장 알맞은 방법을 사용하며, 명확하여 빈틈이 없이 훌륭한 모습을 보인다.

　모든 선지식들은 자기 마음대로 말하고 행동하는 것이 아니다. 모든 언행의 핵심을 보면 온 세상에 가득해서 눈 밝은 이라면 누구나 볼 수 있는 것이며, 어디에서나 한결같은 것이고, 부처님 때나 지금이나 분명한 것이다.

　그러나 잘 알아야 한다. 머리로도 가슴으로도 거기에 이를 수 없다는 것을. 그러니 함부로 헤아리지 말라. 선지식들의 경지를 엿보기라도 했는가?

이제 인도에는 부처님의 가르침이 없을까?
나아란다 유적 중 부처님께서 머무시며 설법하신 것을 기념하여 세운 근
본향전 스투파
2017년 2월 17일 촬영

本則

擧 蕭宗帝問忠國師호대 如何是十身
거 숙종제문충국사 여하시십신

調御닛고 國師云 檀越踏毘盧頂上行하
조어 국사운 단월답비로정상행

소서 帝云 寡人不會니다 國師云 莫認自
제운 과인불회 국사운 막인자

己淸淨法身하소서
기청정법신

십신조어(十身調御) 열 가지 몸의 조어장부(調御丈夫). 부처님의 십호를 일컬은 것으로도 볼 수 있으나 간략하게 '부처님'으로 정리할 수 있음.

단월(檀越) 산스끄리뜨어 다나파티(danapati)를 소리대로 옮긴 것으로 시주(施主)라 한역(漢譯)하기도 한다. '베푸는 사람'이라는 뜻으로 주로 불사에 동참한 사람을 일컬을 때 쓴다.

비로(毘盧) 비로자나(毘盧遮那)를 줄인 말로 산스끄리뜨어 바이로차나(vairocana)를 소리대로 옮긴 것. 광명편조(光明遍照) 즉 모든 곳을 다 비추는 빛이라는 뜻. 흔히 법신불을 지칭할 때 쓴다.

본칙

이런 얘기가 있다[擧]. 숙종 황제가[肅宗帝] 혜충국사께[忠國師] 물었다[問]. "어떤 것이[如何是] 부처님입니까[十身調御]?"

혜충국사께서[國師] 말씀하셨다[云]. "단월이시여[檀越], 비로자나불의 정수리를[毘盧頂上] 밟고[踏] 가십시오[行]."

황제가[帝] 말했다[云]. "과인은[寡人] (그 뜻을) 모르겠습니다[不會]."

국사께서[國師] 말씀하셨다[云]. "자기의[自己] 청정법신을[淸淨法身] 잘못 알지 마십시오[莫認]."

 **松江**

　신심 깊은 숙종은 혜충국사를 마치 부처님 대하듯 했던 이다. 그 숙종이 국사께 "어떤 것이 참된 부처입니까?"하고 물었다. 이 물음은 그저 사전적 해설이나 석가의 일대기 등을 물은 것이 아니다. 국사께서는 참으로 자상하게 답을 해 주셨다. "비로자나불의 정수리를 밟고 지나가십시오." 이 대목에서 오만한 놈들은 온갖 허물을 지을 것이다. 하지만 숙종은 그런 류는 아니었던 모양이다. 그래서 솔직하게 모르겠다고 말했다. 그러자 국사께서 이번에는 다른 각도에서 짚어주셨다. "자기의 청정법신을 잘못 알아서는 안 됩니다." 또 여기서 망상 피울 자가 부지기수일 터이다.

　숙종이 이 자상한 말을 알았을까? 자상하긴 하지만 도처에 함정이다. 혜충국사가 그저 자상한 시골 노인네는 아니란 말씀이지.

해인사 대적광전의 비로자나불

一國之師亦強名이라
일 국 지 사 역 강 명

南陽獨許振嘉聲이로다
남 양 독 허 진 가 성

大唐扶得眞天子하야
대 당 부 득 진 천 자

曾踏毗盧頂上行이로다
증 답 비 로 정 상 행

鐵鎚擊碎黃金骨하니
철 추 격 쇄 황 금 골

天地之間更何物고
천 지 지 간 갱 하 물

三千刹海夜沈沈이라
삼 천 찰 해 야 침 침

不知誰入蒼龍窟고
부 지 수 입 창 룡 굴

황금골(黃金骨) 비로. 청정법신.

창룡굴(蒼龍窟) 용이 사는 굴. 목숨을 걸고 그 굴에 들어가 용의 수염 아래 있는 여의주를 가져오는 일을 깨달음에 견주어 말하기도 함.

한 나라의 스승이란 것[一國之師] 또한[亦] 억지[强] 이름[名]

남양[南陽] 홀로[獨] 멋진 이름[嘉聲] 떨칠 수[振] 있었네[許].

당나라에서[大唐] 참다운 천자를[眞天子] 도와주어서[扶得]

일찍이[曾] 비로자나 머리[毘盧頂上] 밟고[踏] 가게 했네[行].

철퇴로[鐵鎚] 황금의[黃金] 뼈를[骨] 깨부수니[擊碎]

하늘과 땅 사이에[天地之間] 다시[更] 어떤 물건인가[何物]?

삼천세계[三千] 온 우주에[刹海] 밤은[夜] 깊은데[沈沈]

뉘라서[誰] 창룡굴에[蒼龍窟] 들어갈지[入] 모르겠구나[不知].

 **松江**

한 나라의 스승이란 것 또한 억지 이름
남양 홀로 멋진 이름 떨칠 수 있었네.

어떤 자리의 이름이 그 사람일 수는 없다. 그것은 그저 임시로 붙인 것에 불과한 것이다. 그러나 그 자리에 있다고 다 같은 것이 아니다. 남양 혜충국사는 황제를 정말 황제답게 대했다. 황제라고 비위나 맞추거나 기분 좋은 말이나 해서 되겠는가. 과연 혜충국사는 빛나는 모습을 보여주었다.

당나라에서 참다운 천자를 도와주어서
일찍이 비로자나 머리 밟고 가게 했네.

숲속에 있는 자는 눈앞의 나무만 본다. 중턱에 있는 이는 아래의 숲과 아득한 정상을 올려다본다. 그러나 단면이다. 정상에 올라야 비로소 사방을 함께 보고 천상천하를 단박에 본다. 그러니 물을 것도 없고 설명할 것도 없는 것이다.

철퇴로 황금의 뼈를 깨부수니
하늘과 땅 사이에 다시 어떤 물건인가?

누구에게나 청정법신이 있다는 말을 듣고는 그냥 자신이 부처라도 된 듯 아만을 드러낸다. 그건 중생의 또 다른 모습일 뿐이다. 비로자나불의 머리를 밟고 지나가는 솜씨를 지녔다면, 그 무엇인들 보이기나 하겠는가.

삼천세계 온 우주에 밤은 깊은데
뉘라서 창룡굴에 들어갈지 모르겠네.

비로정상에 오르려면 어떻게 해야 할까? 말로야 누군들 못하겠는가마는 그따위 말장난으로는 어림도 없다. 지척도 볼 수 없는 경계를 지나 목숨 열 깨쯤 던질 각오로 불퇴전의 용맹심이 아니라면 차라리 나서지 말라. 물러설 틈도 얻지 못하고 죽임을 당할 것이다.

네팔의 나가르콧에서 촬영한 히말라야 영봉
건너다본 정도로 히말라야를 안다고 떠들어서는 안 된다
2010년 10월 22일 일출 시

松江

설두스님께서 선택한 백 번째 얘기는 파릉선사와 어떤 스님의 대화이다.

파릉(巴陵)선사는 법명이 호감(顥鑑)이다. 생몰연대는 알려져 있지 않다. 운문 문언(雲門文偃, 864~949)선사의 법제자이며 악주(嶽州) 파릉(巴陵) 신개원(新開院)에 주석했다고 해서 파릉선사라고 한다.

垂示

收因結果하니 盡始盡終이요 對面無私
수인결과　　진시진종　　대면무사

하니 元不曾說이로다 忽有箇出來道호대
원부증설　　　홀유개출래도

一夏請益이어늘 爲什麼하야 不曾說고하
일하청익　　위십마　　부증설

면 待爾悟來하야 向爾道라하리라 且道하
대이오래　　향이도　　차도

라 爲復是當面諱却이 爲復別有長處아
위부시당면휘각　　위부별유장처

試擧看하라
시거간

청익(請益) 수행자가 자신의 의문을 풀기 위해 스승을 찾아뵙고 질문하여 가르침을 청함. 토론. 설법.

휘각(諱却) 잘못됨.

장처(長處) 좋은 점.

수시

원인을 거두고[收因] 결실을 맺으니[結果] 시작을 다했고[盡始] 끝을 다했다[盡終]. 마주해서[對面] 사사로움이 없으니[無私] 원래[元] 말한 것이 아니다[不曾說].

홀연히[忽] 어느 누가[有箇] 나와서[出來] 말하길[道], "여름 안거 동안에[一夏] 법문을 했는데[請益] 어찌해서[爲什麼] 말한 것이 아니라고 합니까?" 한다면[不曾說], "그대가 깨닫기를 기다려서[待爾悟來] 그대에게 말하겠노라고 하리라[向爾道]."

자 말해보라[且道]. 다시[復] 이것이[是] 눈앞에서[當面] 숨기는 것인가[爲〜諱却], 아니면[復] 특별히[別] 좋은 점이[長處] 있다는 것인가[爲〜有]? 다음 얘기를 살펴보자[試擧看].

松江

선지식이 하는 일은 처음도 철저하고 끝도 철저한 법이다. 그렇게 하지 않으면 허물이 생기고 잘못되기 때문이다. 비록 후학을 대하여 갖가지 말이나 행위를 하지만, 사사로운 감정 따위로 말하거나 행동한 것이 아니기 때문에 처음부터 말하지 않고 행동하지 않은 것과 같다.

공부하는 이들은 '안거 기간 내내 온갖 말씀과 행위로 지도를 하신 것은 무엇이란 말인가?'하고 의심을 할 것이다. 하지만 '말하지 않은 것과 같다'는 말을 듣고도 깨닫지 못했다면 세세히 설명한다고 완전히 의심을 벗어버릴 정도로 깨닫겠는가. 그러니 깨닫기를 기다려야 할 것이다.

어떤 이들은 체득해야만 하지 말로써는 안 된다고 하면, 변명이나 거짓이라고도 한다. 주로 학자들이 이런 주장을 한다. 물론 수행을 겸한 학자들은 이런 얘기를 하지 않는다. 만일 억울하다고 생각된다면 실제로 몸을 던져 수행을 해 보길 바란다. 정말 멋진 세상을 보게 될 것이다.

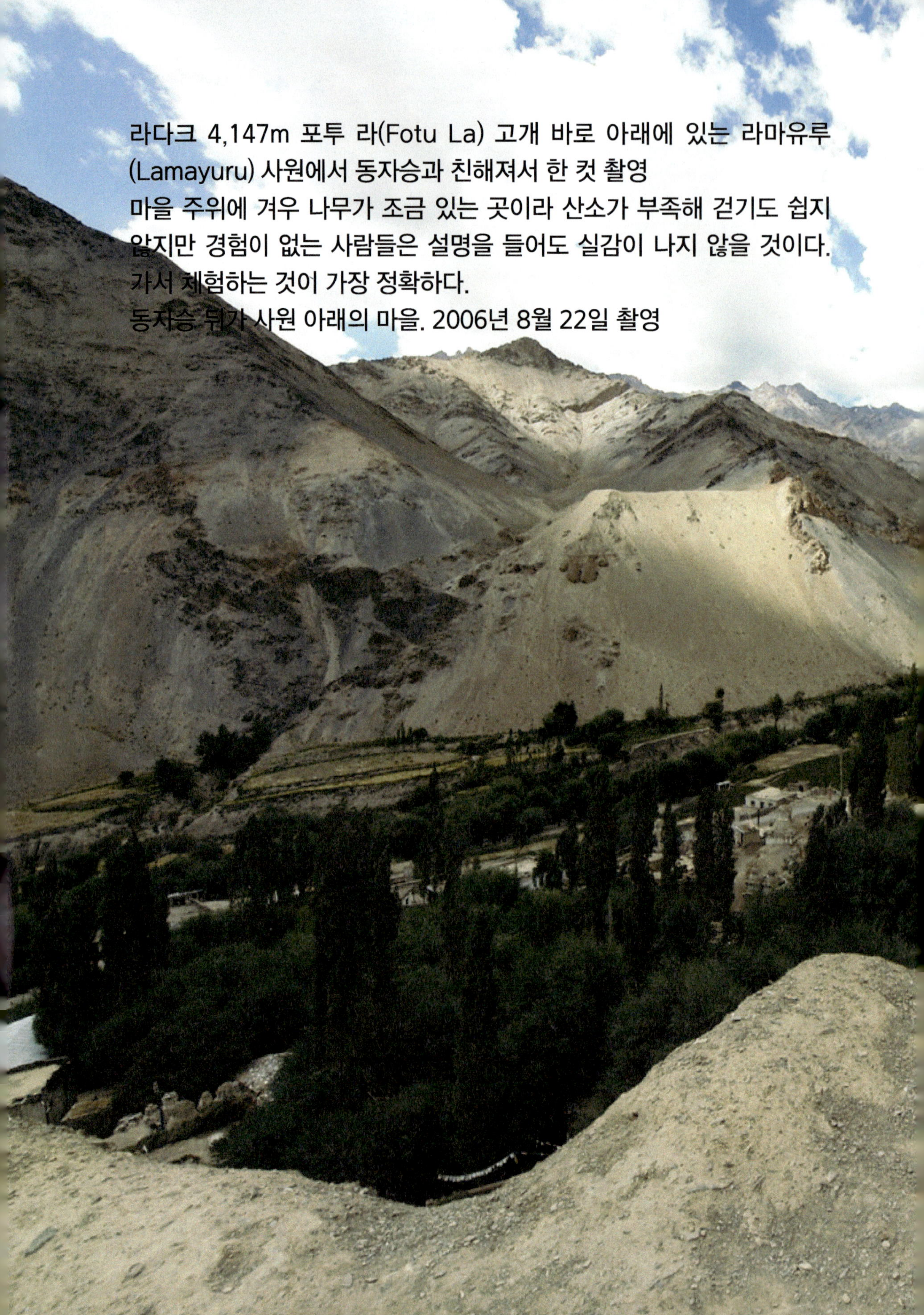

라다크 4,147m 포투 라(Fotu La) 고개 바로 아래에 있는 라마유루
(Lamayuru) 사원에서 동자승과 친해져서 한 컷 촬영
마을 주위에 겨우 나무가 조금 있는 곳이라 산소가 부족해 걷기도 쉽지
않지만 경험이 없는 사람들은 설명을 들어도 실감이 나지 않을 것이다.
가서 체험하는 것이 가장 정확하다.
동자승 뒤가 사원 아래의 마을. 2006년 8월 22일 촬영

擧 僧問巴陵호대 如何是吹毛劍이닛고
거 승문파릉   여하시취모검

陵云 珊瑚枝枝撑著月이니라
릉운 산호지지탱착월

취모검(吹毛劍) 터럭을 칼날에 불면 터럭이 잘린다는 명검.

이런 얘기가 있다[擧]. 어떤 스님이[僧] 파릉선사께[巴陵] 여쭈었다[問]. "어떤 것이[如何是] 취모검입니까[吹毛劒]?"

파릉선사께서[陵] 답하셨다[云]. "산호[珊瑚] 가지마다[枝枝] 달이[月] 걸렸다[撑著]."

松江

취모검을 보려고 한다면 목숨이 백 개쯤 있어야 할 것이다. 그러니 돌아다니며 찾지 말라. 부질없는 짓이다. 돌과 옥도 가리지 못하는 안목으로는 취모검을 보여주어도 절대로 알 수 없다.

파릉선사는 참 솜씨가 빠르다. 비록 선월(禪月)스님의 시 구절에서 차용해 쓰긴 했지만, 본래 솜씨 있는 이는 세상에 이미 있는 것을 잘 쓰는 법이다. 산호의 가지마다 달이 걸린 도리를 알고자 한다면, 먼저 취모검이 자기 목을 스쳐도 멀쩡할 수 있어야 할 것이다. 물론 그 취모검을 빼앗아 휘두를 수 있다면 더할 나위 없겠지만.

아차차 산호 가지에도 목이 달아나는구나.

개화사 처마 아래 등마다 달을 품었다
누구와 더불어 그 달을 볼거나

要平不平에 大巧若拙이요
요 평 불 평　　대 교 약 졸

或指或掌에 倚天照雪이라
혹 지 혹 장　　의 천 조 설

大冶兮磨礱不下하고
대 야 혜 마 롱 불 하

良工兮拂拭未歇이로다
양 공 혜 불 식 미 갈

別別 珊瑚枝枝撑著月이로다
별 별　산 호 지 지 탱 착 월

대교약졸(大巧若拙)　일반 사람의 눈에는 크게 교묘한 것이 오히려 질박한 것으로 보임. 『노자(老子)』제45장에 나옴.

대야(大冶)　뛰어난 대장장이.

불하(不下)　불가능.

고르지 못한 것을[不平] 고르게 하려 하니[要平]

너무나 교묘하여[大巧] 오히려 평범해 보이고 [若拙],

어떤 경우 손가락에[或指] 어떤 경우 손바닥에 [或掌]

하늘에 기대어서[倚天] 눈을 비추는구나[照雪].

뛰어난 대장장이도[大冶兮] 갈 수[磨礱] 없고 [不下]

훌륭한 기술자도[良工兮] 닦느라[拂拭] 쉬지 못 하네[未歇].

특별하고도 독특하구나[別別].

산호[珊瑚] 가지마다[枝枝] 달이 걸렸구나[撑 著月].

松江

고르지 못한 것을 고르게 하려 하니

너무나 교묘하여 오히려 평범해 보이고,

어설픈 후학을 위해 자비를 베풀지만, 그것이 자비인 줄을 알기나 할까? 오히려 사람들은 가르쳐 주지 않으려 한다고 오해나 한다. 직접적인 설명이 친절인 줄 알지만, 그것은 상대를 병들게 하는 것이다. 오히려 무심한 듯 툭 던지는 것이 아주 친절한 것임을 어찌 알겠는가.

어떤 경우 손가락에 어떤 경우 손바닥에

하늘에 기대어서 눈을 비추는구나.

취모검이 박물관에 있는 그런 류의 보검인 줄로 알고 있다면 대단한 착각이다. 취모검이 모양 없다는 것을 알려주면 좀 도움이 되려나. 그러면 또 다양한 모양으로 나타나는 취모검을 모를 터이니 그것도 병이 되겠다. 찾다 지쳐 찾는 것을 그만둘 때쯤 보게 될지도 모르겠다.

　뛰어난 대장장이도 갈 수 없고
훌륭한 기술자도 닦느라 쉬지 못하네.

　노력한다고 날을 세울 수 있는 것도 아니고, 솜씨가 있다고
제대로 사용할 수 있는 것이 아니니 어찌할꼬?

　특별하고도 독특하구나.
산호 가지마다 달이 걸렸구나.

　파릉 노인네의 솜씨를 보라. 참 대단하지 않은가. 산호 가
지마다 달이 걸렸다고 답하다니.

손대지 말라. 손대려 한다면 죽는다.

벽암록 맛보기 下권
(65칙~100칙)

글, 사진   시우송강 時雨松江

표지 그림   방혜자
발행일   2025년 6월 25일
펴낸곳   도서출판 도반
펴낸이   김광호
편집   김광호, 이상미
대표전화   031-983-1285
이메일   dobanbooks@naver.com
홈페이지   http://dobanbooks.co.kr
주소   경기도 김포시 고촌읍 신곡리 1168번지